UBER

覆颠

鬼才卡兰尼克与他的Uber帝国

史上最倒霉的成功创业者！

丁瑞琼 编著

企业管理出版社
EMPH ENTERPRISE MANAGEMENT PUBLISHING HOUSE

图书在版编目（CIP）数据

颠覆：鬼才卡兰尼克与他的 Uber 帝国 / 丁瑞琼编著．-- 北京：企业管理出版社，2015. 9

ISBN 978 – 7 – 5164 – 1117 – 9

Ⅰ. ①颠…　Ⅱ. ①丁…　Ⅲ. ①卡兰尼克，T. – 传记　Ⅳ. ①K837. 125. 38

中国版本图书馆 CIP 数据核字(2015)第 189985 号

书　　名：颠覆：鬼才卡兰尼克与他的 Uber 帝国

作　　者：丁瑞琼

责任编辑：杜敏

书　　号：ISBN 978 – 7 – 5164 – 1117 – 9

出版发行：企业管理出版社

地　　址：北京市海淀区紫竹院南路 17 号　　邮编：100048

网　　址：http：//www. emph. cn

电　　话：总编室（010）68701719　发行部（010）68414644　编辑部（010）68414643

电子信箱：80147@ sina. com

印　　刷：北京市兆成印刷有限责任公司

经　　销：新华书店

规　　格：170 毫米 × 230 毫米　　16 开本　　12. 25 印张　　150 千字

版　　次：2015 年 9 月第 1 版　　2015 年 9 月第 1 次印刷

定　　价：38. 00 元

“不要轻易跟卡兰尼克比赛。因为一旦卡兰尼克接近他的目标，他会不知疲倦且目标明确地进攻；如果他决定调查一个产业，他会在数日内成为一个专家；如果他决定了解一个城市，他会在24小时内抵达……他废寝忘食，面对重重阻力，却一次次地坚决执行，同时也鼓励身边人跟他一起充满激情地达到目标……”

——前 Google 高管，硅谷著名投资人 Chris Sacca（克里斯·斯卡）

“当特拉维斯·卡兰尼克渴望战斗的时候，他的脸绷得就像一只拳头。他眯着眼睛，鼻孔张开，紧闭的嘴里好像藏着时刻准备出击的重拳。甚至他那花白的、海军陆战队式的发型也根根直立，就像这位38岁的企业家面对对手一样毫不退缩。”

——《名利场》杂志

也许我们讨厌 Uber 是因为它彻底瓦解了我们本已存在了多年的社会结构。当然，人们都不怎么喜欢出租车司机以及当地的政府。但是 Uber 所创造出来的那个世界也不是乌托邦。它的出现意味着数千名出租车司机丢失了稳定且灵活的工作。在取而代之的那个世界里，任何人都可以注册成为司机，但是他们的工作并不稳定，是存在风险的。任何低于完美标准的评分都会让他们失掉眼前这份差事。

——英国《卫报》

“卡兰尼克是混蛋，是善于攫取钱财的资本家。”

“对于 Uber，我们既恨它，又不得不在消费行为上支持它，因为它提供的服务，可能比我们等一份三明治送到眼前还要便捷。”

——Twitter 网友

Uber：一场互联网思维和现实矛盾的较量。

——《IT 时代周刊》

纽约是 Uber 全球最大市场之一。自 2014 年以来，Uber 在游说纽约市长办公室、市议会以及出租车和豪华轿车委员会（TLC）上花费了至少 22.5 万美元。自从 2011 年 Uber 进入纽约市场，纽约的专车用户数量增长了 60%以上。目前在纽约市道路上行驶的专车数量超过 6 万辆，其中 2 万辆在 Uber 旗下。

——《纽约时报》

颠覆英豪，Uber何为

——卡兰尼克和你，你和Uber，Uber和全世界

他叛逆，张扬，狂放不羁，一次次失败后不服输地奋起；他也享受，挥霍，空虚，几达抑郁后终于在惊天地、泣鬼神的创业进军中重拾生命的意义——

他虽毁掉千万人的饭碗，却也同时在摧枯拉朽的商业掠夺战中创造了许多新生机；他的创意催生一片片商业蓝海，他的激情势必重新激发起无数屌丝和草根的创业新动力——

他是谁？硕大的屏幕上为你显现如下的图像：

风华正茂，年方三十二岁的卡总正向你走来——他抿着嘴唇，双手插在裤兜里，像你我一样不时地看着手机——那时他刚从巴黎

某赌场小赌以后出来，巴黎的街头空旷无人，只有几个黑人露出他们的白牙齿；卡总虽然赢了点钱，却打不到车，的士司机都不知在哪儿猫着呢，在巴黎，可没有在大街上扫活儿的。

我们不知道那次卡总是怎么回酒店的，也不知道他到底等了多长时间才叫到他心急火燎等着的出租车；我们只知道那以后不久，一款世人以前从没有见过的打车软件横空出世——那就是你我现在天天都在用的Uber专车。

是什么样的性格造就了这种商业伟绩？是什么样的经历使本书主人公能够不断地从失败和挫折中奋起?是什么样的勇气让他不畏权威，敢于向前进道路上的任何障碍叫板？他又是怎样聚合起创业所需的团队和资金?卡总的传奇经历能不能为我们的个人生活带来点滴的启示并激起我们沉闷生活的些许浪花？这是我们创作并撰写此书的本意。

十多天来，我们始终沉浸在卡兰尼克的精彩生活中，与他欢欣、与他狂舞、伴随着他的痛苦与激情，咀嚼着他的才思与创新，感染着他的不屈和倔强。现在，本书终于脱稿，它已将卡兰尼克的精神和创意融入我们的精神和创意，卡兰尼克的旗帜就是我们的旗帜；那旗帜永远向前，绝没有丝毫犹豫和彷徨，而沮丧和忧伤只是胜利后的调味剂。

另外，我们还有一个欣喜的发现与大家分享，即卡兰尼克是个文艺范儿的创业家，他狂野的另一面就是他的忧郁，而忧郁大多数情况下表现出来的就是文艺——所以，全世界的文艺青年有福了，你在获得商业成功的同时根本不会伤及你的文艺范儿（伟大领袖毛泽东总是在战争最酷烈的时候写出他最伟大的诗篇）。

一个前所未有的商业颠覆巨变时代已经到来，没有人能够逃避它的狂潮，顺之则生，逆之则亡，与其坐以待毙，不如奋起迎头进击。大浪淘沙的隆隆鼓声正以不可预见的节奏向我们扑头盖脸的袭来，风云过后，留在沙滩上的还会有你吗？

卡总为我们树立了最好的榜样，也为我们树立了最新、最潮的商业模式，他和他的Uber是即将到来的共享经济的最佳实践和探索者，是移动互联资源的最佳利用者，也是全世界企业家和青年们的垂范英豪。希望本书能为你精彩的人生和商业生活更添许多魅力和激情；虽然我们不能成为卡总，但我们却可以成为肖总或李总，康总或陈总。

机会正向你迎面走来，抓住它，经营它，获取它，收获它。

本书出版人

2015年8月2日

目 录

Chapter 4 Uber 帝国的“野蛮”崛起

“我意识到一些人形容我是个混蛋。我愿意承认自己不完美，也承认 Uber 这家公司不完美。而且和每个人一样，我和 Uber 都做过一些错事。但是在 Uber，我们都愿意努力地从错误中学习和成长。”

Chapter 5 帝国的野蛮成长

“我告诉我的团队，我们只管继续服务好自己的客人，打造好的体验。只要我们把事情做对，那么一切都会好的。”

Chapter 6　人民优步在中国

“我们要办一个真正的中国公司，找到中国投资者。如果你不是来自中国，你在这个市场必须保持谦虚。”

Chapter 7　Uber 的世界你不懂

“Uber，世界因你而前进。”

Chapter 8　极客——怪人 or 鬼才

“Stay hungry, stay foolish”

Chapter 1
雪夜巴黎

“一个按钮，车即到来。把互联网的思维运用到打车上，让每个人能体会到更便捷的服务。”

雪中的巴黎，不同的神韵，更有一种别样的美丽。此时，卡兰尼克与朋友格瑞特·坎普正在巴黎的一个赌场里激情四溢地玩着德州扑克，赌场内弥漫了香烟的味道，充斥着人的吵闹声，热闹非凡，这里仿佛是另一个世界。卡兰尼克兴奋极了，他把身上所有的钱都押在一个赌注上面，格瑞特提醒他不要这么孤注一掷。他拒绝了格瑞特，坚决地相信了自己的第六感。

数不尽的摩天大楼，看不完的车水马龙，这便是我们生存的现实空间。怀揣各种梦想的人们，来自不同地域，处于不同境遇，他们在城市的不同角落里奔波着。

2008 年 10 月，美国纽约。

威廉姆正心急火燎地在路边拦车，他要去参加一次重要的考试，如果错过了时间，威廉姆得再等一年，这就意味着他这一年的心血白费了。他渴望能有辆车载他去考场，可没有一辆车为他停下来，眼看着离考试时间越来越近，他只能抱头痛哭。

同一天，东京街头，藤田急得满头大汗，他的妻子快要分娩了，焦急的他抱着妻子在街道上打车，可是经过的车子都是满载。过了很久，还是没有一辆搭载他们的车，妻子的惨叫声愈来愈大，藤田横抱起妻子向前奔跑……

2008 年 11 月，中国北京。

夜幕降临，北风肆掠，护城河的河水已经被冻上一层厚厚的冰，城市的霓虹星光闪闪。写字楼底下还滞留了大批加班的人，每个人都焦躁地往外张望，等待着一辆空驶出租车的经过……

2008 年 12 月，法国巴黎。

这是一个寒冷的季节，寒流同样侵袭着欧洲大陆，巴黎一反往常的温暖，气温急剧下降，大雪纷飞，香榭丽舍大道两侧的中世纪风格的建筑在大雪中渐隐渐显，塞纳河被雪花激起细小的波浪，闻名遐迩的凯旋门显得更加沉静和庄重。

雪中的巴黎，不同的神韵，更有一种别样的美丽。路上的行人裹着厚厚的大衣，他们步履匆匆。此时巴黎的交通不如往常般顺畅，在一些重要路口，堵满了数不清的车辆，每个人都怀着一颗焦灼的心，希望能快点回到自己温暖的住处。

此时，卡兰尼克与朋友格瑞特·坎普正在巴黎的一个赌场里激情四溢地玩着德州扑克，赌场内弥漫了香烟的味道，充斥着人的吵闹声，热闹非凡，这里仿佛是另一个世界。卡兰尼克兴奋极了，他把身上所有的钱都押在一个赌注上面，格瑞特提醒他不要这么孤注一掷。他拒绝了格瑞特，坚决地相信了自己的第六感。

不出所料，亮出底牌的时候，卡兰尼克果然是最大的赢家。就这样卡兰尼克又获得了一大笔钱，过度的兴奋消耗了太多体力，他们觉得异常疲倦。只有一个想法，要赶紧回到旅店休息。

令他们意外的是，由于赌场光线太黑暗了，出赌场时看到外面竟然变成了一片银白色。惊叹于雪夜巴黎的美丽，他们像孩子般冲到雪地里狂欢，卡兰尼克甚至想要拥抱街上的每一棵树。虽然内心是无比激动的，但是也抵不住凛冽寒风的侵袭。

很显然，卡兰尼克和格瑞特·坎普没有意料到寒流会来得那么快，他们穿得衣服太少了，以至于狂欢过后的两人不断哆嗦。而此时，他们的理想不仅仅是能有一件暖和的大衣来御寒，而是能打到一辆的士带他们回旅店休息。

卡兰尼克和格瑞特·坎普在香榭丽舍大街上卖力的打车，他们几乎堵住了每一辆路过的出租车，希望出租车能载他们回到温暖的地方。

遗憾的是，每一辆路过的出租车不是有客人了，就是已经被预约了。

外面飘着大雪，卡兰尼克只穿了一件单薄的衬衫和一套黑色西服，在寒风中，他被冻得瑟瑟发抖，为了让自己暖和一些，他甚至在路边蹲了下来，静静地等待一辆驶来的空车。他的耐心一点点被磨灭，后来索性放弃了。他从怀里掏出烟盒，抽出一根自己最爱的万宝路。烟点亮了，他静静地看着烟圈一点点向上升，混和着雪花，简直美极了，突然，一个大胆的想法从脑海里冒出来："把互联网的思维，运用到打车上，让每个人能体会到更便捷的服务。”于是，就有了“一个按钮，车即到来”的伟大构想。

纵使天气很寒冷，想到这里，卡兰尼克觉得热血沸腾，并且他坚信，他的这个想法，一定会改变一个时代！

2015 年 7 月，法国巴黎。

一场大雨冲淡了夏日的炎热，就连塞纳河的河水也上涨了不少，空气中有一种清新的味道。此时正好是下班高峰期，巴黎街道似乎比以前拥挤了些。艾伦没有带伞，他淡定地走入一间咖啡厅，用 Uber 一键下单，3 分钟后，一辆劳斯莱斯出现在咖啡厅门口，司机贴心地为他准备了雨伞，于是艾伦潇洒地乘坐了他的“专车”去会见他的下一位客户。

也是同一天，北京，凌晨 2 点，静琪伸伸胳膊，终于把方案加班写完了，准备回家好好休息一下。走出写字楼，她才发现外面在下雨，没有带伞，没有车为她停下，她委屈的快哭了。楼下保安打开自己的手机，用 Uber 为静琪打了一辆专车，很快，专车出现在静琪的写字楼下，司机贴心的送上雨伞，还为静琪准备了姜汤，就是这小小的温暖，让静琪觉得，在这个城市，她不是一个人……

在全球，Uber 进入了 6 大洲 58 个国家 311 个城市，全球有数百万人在使用 Uber 打车软件，使用者在手机上一键点击，只要在原地等待，很快就能有专车送你回家。

这个软件改变着我们的出行方式，改变着我们的生活方式，但是在体会到便捷的同时，一些反对的声音也开始出现。

2014 年 6 月 12 日，包括伦敦、巴黎、罗马和柏林在内的多个城市的出租车司机举行了罢工，他们抗议 Uber 对这个行业造成的冲击。为了表达不满情绪，数千名出租车司机包围了伦敦著名的特拉法尔加广场，整个西区的交通很快就陷入了瘫痪。不过司机们的抗议适得其反，随着曝光度提高，Uber 在伦敦的用户数增加了八倍。据应用分析公司 App Annie 数据显示，司机们的抗议行为反而为 Uber 做了很好的宣传，在持续的新闻曝光中，该应用的下载不断增加。Uber 表示，“该应用的注册用户数同比上周三飙升了 850%”。

如今，在中国，每天有 100 万人次搭乘 Uber，每个月能创造出 10 万个相当于全职的工作机会。排除出租车和叫车市场，Uber 已经拿下了接近 50% 的打车出行市场。继 Facebook 之后，Uber 成为商业历史上发展最快的产物。

Chapter 2
天才是这样炼成的

“与众不同，就是我们这么长时间以来独领风骚的原因。有时候我也想，我作为一个创业者，一个企业的领导者，有点像一只独狼。”

外表优雅绅士，总挂着迷人微笑的卡兰尼克，对于自己喜欢的事物，总是抱有异乎寻常的执着和热情。从大学辍学，开始艰难的创业路，貌似是很多在硅谷创业的成功人士的共同特点。他们智力超群、性格执着，热衷于将技术投入商业领域，不断创新，引领时代潮流。然而创业的路并非一帆风顺，正如硅谷流传的一句老话：“如果你失败的次数不够多，说明你还不够努力。”

01 好奇心打造一代巨人

1976 年 8 月 6 日，卡兰尼克出生在洛杉矶，母亲邦妮（Bonnie），在《洛杉矶每日新闻》工作，他的父亲，唐纳德（Donald），则是一名土木工程师。

父母为卡兰尼克提供了一个不错的成长环境，爸爸更是对卡兰尼克实行放养政策，不会刻意要求卡兰尼克去做什么，更没有从小就给卡兰尼克制定一系列的成长计划。

小时候，妈妈给卡兰尼克买了很多益智玩具，有孩子们都喜欢的魔方、拼图、积木等，可是卡兰尼克对他们一点兴趣都没有，那些可爱的小玩意儿刚拆封就被他丢得远远的，他很抗拒他们，每次妈妈把玩具拿到他身边的时候，他就会很暴躁，甚至想把那些玩具毁掉。他反而对家里面那个长的像电视机的盒子很感兴趣，那是爸爸用来工作的电脑。

小小的卡兰尼克在外人眼中怎么看都是一个怪人，后来卡兰尼克的妈妈回忆起那个时候的他，就很无奈地说：“以为自己生了个怪胎，很多人都以为卡兰尼克有自闭症，还好他后来长得很健康，起码我认为他是一个很有天分的孩子！”

只有几岁的卡兰尼克，最喜欢做的事情就是陪在爸爸身边，默默地看着爸爸用那个神奇的盒子做很多事情：在上面打字，查资料，画图纸，玩游戏……年纪小小的卡兰尼克觉得爸爸酷毙了。小小的他在心目中定下一个目标，一定要做一个精通电脑的人！

卡兰尼克像打翻了潘多拉的盒子一样，好奇心不断上涨。就是这个小小的单纯的想法，让卡兰尼克对电脑产生了浓厚的兴趣。爸爸工作的时候，他就待在旁边默默观察爸爸是怎么使用电脑的，他仔细琢磨爸爸的每一个步骤：开机—打开软件—开始工作……

某一天，爸爸出去工作了，强烈的好奇心驱使着卡兰尼克，小小的他大胆地跑到电脑面前，他像爸爸那样插上电源试着打开电脑。

当卡兰尼克期待着出现桌面界面的时候，跳出的窗口居然是请输入密码，卡兰尼克强烈的好奇心没有被浇灭，他试着输入几个字母，结果提示的都是密码错误，几次受挫后，卡兰尼克几乎要放弃了，在他快要绝望的时候，最后他灵机一动地把自己的生日写了上去，幸运地是，卡兰尼克这次成功了。

第一次打开电脑，虽然经历了很多挫折，但是对小小的卡兰尼克来说，还是非常兴奋的，卡兰尼克也像爸爸那样，打开自己喜欢的程序。

徜徉在电脑海洋中的卡兰尼克觉得电脑实在太有趣了，他甚至感觉到浑身都在发热，心里有个强烈的念头，自己一定要研究出一个电脑程序！

由此，奠定了卡兰尼克深深着迷于电脑的基础。

小学时，卡兰尼克已经开始识字了，当周边的同学都对少年连环画、童话故事感兴趣时，卡兰尼克已经开始去图书馆里借一些关于电脑的书来看。

周边的同学都觉得卡兰尼克是个怪人，看奇怪的书，总是和大家不一样。

在学校里几乎每个同学都取笑他，很多调皮的孩子还经常拿卡兰尼克爱看的电脑书籍恶作剧，还给他取了不少奇怪的“昵称”。

这种疯狂的校园式攻击，放在很多小朋友身上都会造成极大的心里阴影。

但小小的卡兰尼克却不放在心上，他心里是这么想的："我的世界和你们不一样，我的独特，才衬托出我的优秀，等有一天你们会知道曾经的你们是多么平庸！"

尽管被很多人误解，尽管被所有人说成是怪人，小小的卡兰尼克依然坚持着自己的兴趣，从来没有想过放弃。

8 岁时，在卡兰尼克的强烈要求下，妈妈终于答应送给他的生日礼物不再是飞机模型，而是一本关于电脑编程的书。有了这本书后，卡兰尼克更是废寝忘食地学习电脑编程，以一百分的好奇心和一百分的努力不断学习，才上六年级的卡兰尼克就学会了编程。

小小的年纪，就有很大的作为，很多人可能觉得他是天才，但只有卡兰尼克和他周边的人知道，任何的成功和荣誉，都是经历过无数磨练和努力后获得的。

02 迷茫激发无限战斗力

高中毕业后，卡兰尼克以优异的成绩考入美国顶尖的公立大学之一——加利福尼亚大学洛杉矶分校（University of California，Los Angeles，简称为UCLA），学习计算机工程。

UCLA是美国商业金融、高科技产业、电影艺术等专业人才的摇篮，是全美培养尖端人才领域最广的大学，也是全球学子都向往的象牙塔。

UCLA先后共有16位教授和毕业生获得过诺贝尔奖。UCLA的教授中，有105位美国科学与艺术学院院士，86位美国科学促进学会会员，40位美国科学院院士，20位美国工程院院士，34位美国医学研究院院士，16位美国哲学院院士，在历史上共有10位美国国家科学研究金奖得主。

卡兰尼克第一天去 UCLA 报名的时候，正好是 UCLA 最美的时候，校园里绿树葱葱，红墙映照着碧树，红花点缀着绿叶，形成了一幅唯美清新的水彩画。

卡兰尼克走在校园的林荫道上，微风细细地吹着他的头发，他开心极了，甚至无比自豪，内心充满雄心壮志，觉得自己只要努力钻研喜欢的领域，怀着无比坚定的信心，未来的卡兰尼克也能成为影响一个时代的计算机专家或者科学家。

大学生活真正开始了，由于大学里学业相对轻松，业余时间更加充足，周边的同学都加入各种俱乐部来丰富自己的业余时间。大学里充斥着各种聚会，大部分人的生活都陷入一种固定模式：参加 party、结交朋友、一次次喝醉……

为了尽快融入同学们的圈子里，开始时卡兰尼克也积极加入各种俱乐部，和大家一起疯狂，一起闹，一起奔放青春。

因参加各种 party，卡兰尼克也认识了不少人，但是他从心底不喜欢这样生活，更不喜欢每天沉迷于酒精，总感觉这是在虚度光阴，在浪费时间！

渐渐地，卡兰尼克逐渐淡出各种俱乐部，当舍友们都去参加 party 时，他就一个人待在寝室里，继续研究电脑编程，还经常去图书馆度过业余时间。就是他这种强烈欲望的学习，成就了日后有无限辉煌成绩的卡兰尼克。

很长一段时间，卡兰尼克都陷入一种失眠的状态，在每一个睡不着的夜晚，他就在内心思考着自己的未来，随着时间的流逝，卡兰尼克越来越感觉自己有可能会步入一种固定模式，毕业—找工作—买房子—找对象—还贷款，为生活努力奔波……

每次想到这里，卡兰尼克就更加辗转难眠，在他心目中，他一直觉得自己和别人不一样，一定能做出不平凡的事情，他开始为现在的状态感觉到郁闷，但是苦于找不到方向去努力。

一天，在网上浏览网页的卡兰尼克点进一家网站页面，他被这个青春时尚的页面吸引了，于是就注册了一个账号，注册好账号才发现，原来有很多像他一样的年轻人正在使用这个网站，大家分享资源，发表状态，更棒的是不认识的人彼此之间还可以通过这个平台相互学习。

好强的计算机工程专业学生卡兰尼克觉得做一个网站对他来说完全是小 case，于是他一时兴起花了一个星期就做出了一个网站，并上传了一些资讯可供人预览，还开了一个论坛供大家交流学习。

网站终于做好了，卡兰尼克迫不及待地将网站上线，上线后才注意到时间已经是深夜 3 点了，终于完成一件事情，强烈的困意袭来，他像泄了气的气球，松了口气，去睡觉了。

第二天醒过来的时候，已经是正午 12 点了，卡兰尼克才想起昨天把网站上线了，他迅速跑到电脑面前，打开电脑，点开网站后台，让他惊讶的是，仅仅几个小时，他的网站已经有了惊人的浏览量。

就是这样一个无心的举动，天才卡兰尼克顿时脑洞大开，产生了一个大胆的想法——自己运营一个网络搜索引擎，并且他坚信，这个网站一定会有很大的浏览量，自己一定能成功。但是，现在凭他一个人的力量，还太薄弱，他需要找到一些人来和他一起完成这个大胆的想法。

卡兰尼克已经很少去参加校园俱乐部，直到他构思好自己未来要做什么时候，他意识到了人脉的重要性。于是他更加频繁地参加校园俱乐部，但是和大多数同学的区别是，他是为了给自己接下来要做的项目寻找合伙人。

他见到同学问的第一句话基本都是："你对计算机网络感兴趣么？你精通电脑编程么？"如果碰到愿意和他聊的人，他就会和他们深入地聊自己的计划和初步构想，也就是在这样的聊天中，卡兰尼克结识了系里几个很棒的同学，他们决定凭借自己的激情大干一场。

03 梦想实践家

如果你觉得有了一个不错的想法，能得到很多人的帮助和肯定，那么成功实在太容易了。

卡兰尼克带着无限动力和信心开始实施自己的计划，然而，并不是每个人都像他一样充满热血和激情。他激情四溢地向很多人说他的想法，大部分人对他的项目很感兴趣，也有一大部分人被他的热血感染，但是提到实际操作后，他们都退缩了。

经过一个多月的交流和游说，卡兰尼克终于寻找到一个明确表示支持他的合伙人，大家都简单地称呼他杰克，杰克是一个性格很内向的小伙子，他的特长是计算机编程，更是一个计算机少年天才！

杰克在中学的时候，就有了一项影响力深远的发明，并因此获得了科学大奖赛少年组的一等奖。天才少年杰克一时风光无限，但是因为性格的原因，杰克非常低调，若不是卡兰尼克通过他的好友知道了他的信息，所有人都觉得他只是一个计算机系的普通大学生。

其实在卡兰尼克心目中，是有些崇拜杰克的，他羡慕他的骄人成绩和优质的天分。他很得意，自己的项目能把杰克拉来一起入伙，首战告捷，这给了卡兰尼克很大的信心，也让他更加有动力和激情去做好这件事情。

杰克不大善于社交，也不善于沟通。继续拉人入伙的事情就得靠卡兰尼克自己努力了。为了掌握好说服人的技巧，他还特意去图书馆借了几本卡耐基的书来研究学习。

卡兰尼克就是这样，一个十足的行动派，只要确定要去做一件事，就会付出一百分努力和汗水，他不怕挫折，更不怕摔倒，即使摔得头破血流，也会爬起来再战斗。

卡兰尼克花了三天时间研究了卡耐基在人际关系和口才学上的一些理论，接下来就要继续付诸实践了。很开心的是，卡兰尼克首战就告捷了，他成功说服了第二个合伙人戴维。

戴维和杰克很大的不同之处在于，戴维是一个能说会道又善于表达的人，他的气场很强，每到一个地方，就能把所有人的注意力转移到自己的身上，卡兰尼克就是注意到他这个特质，决心一定要把他拉来入伙。

也许是找到了同类，他们有一种相吸的磁场，卡兰尼克和戴维交流了几次，戴维就很爽快的答应和他一起大干一场，并且决定说服周边优秀的朋友也来加入他们。

两个人像演说家一样激情四溢地对成绩不错的同学说出自己的理想国，很快就有人被他们的激情感染，只用了几天的时间，名为"宇航号"的6人小团队就组成了。

也许是6个合伙人都有共同的目标和爱好，大家一见如故。初次见面，每个人畅谈自己的伟大理想和操作方案，他们觉得自己一定能赢，一定能大赚一笔！

最终，6个人都喝得酩酊大醉，在酒精的驱使下，他们一起爬到学校的阳台上大喊刚刚经过头脑风暴确定好的未来公司的口号。

1998年，也就是卡兰尼克22岁那一年，他做出了一个疯狂的决定——辍学，刚做出这个决定时，他的爸妈以为他疯了，放弃如此好的大学，放弃前途似锦的未来……为此，他和爸爸大吵一架并离家出走。爸爸特别生气，切断了他的经济来源，在他们最需要资金的时候，这无疑是一个特大噩耗，卡兰尼克陷入无限地惶恐中。

幸好，有 5 位好友支撑着他。

在 5 位好友的帮助和策划下，卡兰尼克得以和自己的父母冰释前嫌，重归于好，他的爸爸更是当即决定要付出全部力量来支持他们创业。

卡兰尼克后来回忆道："爸爸妈妈给了他最大的支撑，让他得以走出成功的第一步，如果没有他们的理解，我任何疯狂的行动都会夭折。"

经过一段时间的紧张筹备和磨合，卡兰尼克和他的合伙人决心大干一场！

他们迅速在电子工业和计算机业的王国——硅谷租好房子，并迅速注册好公司。

在他们公司的房子里，他们为自己日后的事业日夜奋战着，经常工作到凌晨忘记了时间，他们每个人一个星期都没回家。感觉困了，就在公司的地板上铺上简单的防潮垫睡觉，就连洗澡也是在公司的公共卫生间解决的。

上帝是不会亏待奋斗者的，很快他们的网站 Scour. com 就上线了，并且在一天时间内有了很棒的浏览量。他们看着自己的成绩，觉得鲜血不断往上涌，他们看到了光明的未来，甚至他们觉得“宇航号”会统治世界！

最初他们只想做个网络搜索引擎，没想到变成了世界上第一个P2P文件下载资源搜索引擎，Scour的文件共享程序可以提供音乐和VCD文件的入口，包括电影，而且还可以对电影进行非法复制。Scour很快就火遍全美校园，大学生们开心地用它下着盗版视频和音乐，他们的网站日浏览量达到了惊人的数量。

Scour.com影响力越来越大，知名度也越来越高，很多企业都注意到了他们，马上就有企业主动联系到卡兰尼克，比较有影响力的是罗恩·伯克尔和迈克尔·奥维茨旗下的CKE Associates融资，虽然与这家公司因投资意向书发生摩擦而没有达成合作，但是Scour还是从其他投资主那获得了数千万美元的风险投资。

在巨大的资金支持下，Scour在短时间内就成为当时最受欢迎的P2P文件交换系统之一，最多时曾有25万用户在线分享电影和音乐。

正当卡兰尼克和他的伙伴们沉浸在胜利和喜悦中时，上帝给了他们沉重的打击，2000年，法院的传票来了……

当其他 23 岁的青年还在喝着啤酒泡着妞，烦恼着怎么获得姑娘的芳心时，卡兰尼克制造的“麻烦”已经掀动了整个美国文化产业链。给众多网民们带来了福音的 Scour 被好莱坞 29 家公司共同起诉，其中包括美国电影协会、美国唱片工业协会（RIAA）和全美音乐出版商协会（NMPA），这些文化工业的大佬们指控 Scour 侵犯了他们的版权，并要求索赔 2500 亿美元。

2500 亿，是的，而且还是美元，这些钱能买下整个 Facebook 或者阿里巴巴，而且还有得剩！

美国一贯拥有尊重知识产权的传统和保护产权的得力机制。早在建国之初，美国宪法授权国会制定有关专利的法令，宪法第一条第八款明定：国会有权藉由保障著作人及发明人于特定期限内就其著作及发明享有排他权，以促进科学与实用技艺的发展。目前，美国基本上已建立起了一套完整的知识产权法律系统。主要包括《专利法》《商标法》《版权法》和《反不正当竞争法》。

美国 1976 年颁布的版权法给予版权拥有人从事并授权他人从事以下活动的专有权：把作品复制成多份拷贝和录音制品，对原创作品进行仿制，将作品制成拷贝和录音制品分发，以文艺、音乐、戏剧等方式公开表演原创作品以及公开展示获得版权的作品等。

当某人大量使用了他人版权名下的作品，并将之窃为己有，放入自己的作品中，那么他就对版权人的作品构成了侵权。

很显然，Scour 的一些举动触犯了美国的法律，卡兰尼克遇到了大麻烦。

收到应讼通知书后，卡兰尼克像一个即将跑向终点的胜利者却被对手闷头一棒，他充满了无限愤怒，但是又倍感无力。他说道："如果上周没有与索尼、华纳和 BMG 进行磋商，我们对此或许不会感到意外！另外，与环球影视公司的会谈也早在我们的计划之中。但因这次诉讼，一切事情都变得复杂起来。本来，Scour 已取得 Miramax 和 Hollywood Records 的作品使用许可，可这两家公司竟是这起诉讼的原告！"

这桩诉讼势必在全球范围内掀起极大的风波。来自音乐界、娱乐界、唱片行业甚至于软件行业（比如微软）的"喊打"声越来越响，新兴的互联网交换技术面对越来越多的责难。在声势浩大的"围剿"面前，只要能获得公众的认可及支持，就已经是了不起的胜利了。

由于无法筹集到更多资金，为网上视频和音乐文件交易开发软件的 Scour 公司，裁减了 52 名员工，而该公司的员工总数仅为 70

名。这是继 Napster 和 MP3. com 以来，又一家因版权问题而吃官司的公司。

卡兰尼克的骨子里始终是充满傲慢因子的，这种傲慢决定了他能有勇气去打破常规，同时在遇到障碍时，勇敢去选择正面回击。与卡兰尼克共事过的同事对他有着一致的评价，那就是，“这是一位不愿意妥协的商人”。最终，双方达成庭外和解，Scour 支付了 100 万美元后被迫宣告破产。

Scour 公司虽然倒闭了，但卡兰尼克几年的付出并非没有价值，还是有很多公司要出资购买 Scour 的技术资产，著名的音乐网站 Listen. com 愿意以 500 万美元的现金及 50 多万股票并购 Scour. com 的技术资产，另一家实力颇强的公司 CenterSpan 及一些不大知名的公司也愿意竞标购买 Scour. com，这样的竞争使 Scour. com 的标价上涨了几十万美元，CenterSpang 公司的 CEO 对外界公开承认说：“一旦收购了 Scour 的资产，包括他的品牌、用户群、网站、知识产权和技术后，将有助于提高公司的数字发布渠道，将大大推快他们公司的发展。”

Scour 就像卡兰尼克的孩子一样，他为了这个孩子赌上了自己的所有，他看着他一点点长大，可是又亲眼看着他被别人夺走，他之前所有的努力都付诸东流。对卡兰尼克来说，这是一个不小的打击。强烈的挫败感甚至导致他形成了某种带有条件反射的心理抵触，有好几个月，卡兰尼克甚至没办法走进电影院看一场电影，后来他回忆道："光是看到几大制片公司的名字就让我血往上涌"。

Chapter 3
史上最倒霉的创业者

“光是看到几大制片公司的名字就让我血往上涌……生活没有如果！人生也不可能重来，现在的我只能向前，只能硬扛，除了这些，我别无选择！”

再一次，所有的问题都针对他，所有的困境都逼他走入绝境，压力巨大的卡兰尼克在日记中记道：“以前的我是那么坚定，从来没有想过自己会输，可是这一次好像我又要输了，现在我时常张望，张望别人的生活，从里面找寻一些“如果”的影子。如果没有那场灾难，是不是我现在也在泡着吧，抽着万宝路，是不是现在也可以和心爱的人在一起浪漫，是不是也成了亿万富翁……可惜生活没有如果！人生也不可能重来，现在的我只能向前，只能硬扛，除了这些，我别无选择！”

01 卷土重来

第一次创业就这样失败了，对年轻的卡兰尼克来说，无疑是人生的一次重大打击，虽然一段时间也沉迷过、颓废过，但如果卡兰尼克会因为一次挫折就倒下了，那他就不会叫卡兰尼克了。

创业失败后的很长一段时间，卡兰尼克都很难从失败的阴影中走出来，不仅不去电影院，甚至都不上网了，每次上网都会想起自己曾经和伙伴们熬夜为 Scour. com 努力拼搏的画面，伙伴们的每一个笑容，每一次成功的喜悦都在脑海里历历在目。

他甚至怀疑自己得了抑郁症，一点小事就会令他发火，他几乎把家里能摔的东西都摔掉了，爸爸妈妈也不敢和他多讲话，怕只要讲话就会触动他心里紧绷的弦。

内心的失败感每天都令他无比煎熬，他觉得自己就是一个彻头彻尾的 loser，为了让自己紧绷的精神得到放松，他每天都沉迷于酒精，喝完就睡，睡醒了继续喝。

他过着如梦游般的生活，一天他因为喝得太多了，躺在马路上睡着了，隐隐约约间，他感到有个东西砸中了他的脸，仿佛有人抽了他一大嘴巴子，令他从睡梦中惊醒过来。他把那个可恶的东西拿过来看，才发现砸中他的原来是一枚 25 美分的硬币！

一定是某个“好心人”路过时看到他如此“可怜”，怕他睡在大街上被寒冷的冬天冻死，才施舍了他 25 美分！

稍微有点清醒的卡兰尼克觉得既好笑又可悲，不就是一次失败么，难道自己就要变成流浪汉？竟然为了小小的 25 美分就折腰？他内心说不出的复杂，心里也有无数个 shit 奔流过。

他踉踉跄跄爬回家里，对着镜子仔细琢磨眼前的这个他，头发凌乱，眼神涣散，胡子拉茬，不修边幅，难怪别人误以为他是流浪汉。

又一次受打击的他陷入了失眠状态，创业失败后那段时间的生活，在他脑里像电影回放般一幕幕重演。他觉得自己简直就是世上最愚蠢的傻瓜，不就是一次失败么，自己就像一个软柿子一样泄了气！

他狠狠地抽了自己一巴掌，也许是力道太大，也许是酒劲上来了，一阵强烈的头痛袭来，卡兰尼克再也支撑不了身体的极度疲倦，终于，他瘫睡在客厅的沙发上。

也许是睡姿不好，或许是沙发太硬，第二天卡兰尼克很早就醒了过来。他觉得这是崭新的一天，他快速地起身整理衣服，去洗手间仔细地把脸洗干净，认真地刮胡子，他发现好好收拾过的自己还是帅爆了，可这个英俊的青年昨晚还被人误认为流浪汉！

不同往常的是，卡兰尼克还去了厨房，准备了一顿丰富的早餐，心情很好的他充当了闹钟把爸妈叫醒来品尝自己做的丰盛的早餐。

妈妈觉得今天的他很反常，一直关切地问他怎么了，在想什么？

他只是笑笑说："今天的天气很不错，会是一个新的开始，不是么？"

他迅速吃完早餐就出门了，逐个给以前的伙伴们打电话，很幸运地是，曾经的伙伴们都被卡兰尼克说服了，他们约好了在一家咖啡厅集合。

卡兰尼克是最先到达咖啡厅的，服务员很热情的过来招待他，苦于囊中羞涩，卡兰尼克只好先要了一杯白开水等待老友们的到来。到了约好的时间还没有人来，卡兰尼克有些紧张了，心想这些该死的家伙，是不是搭伙放他的鸽子呀！他生平最讨厌的就是不守信用的人了。

与约定的时间超过了五分钟，还好，杰克来了，杰克很抱歉地向他解释，因为遇上了加利福尼亚的大堵车，所以大家都比约定的时间晚到了。

虽然大家都迟到了，还好无一缺席。卡兰尼克问了最近每个人的状态，发现大家和他一样颓废和无所事事。他向好友们讲了自己昨晚的经历，并趁此煽动起每个人的愤怒情绪。在每个人的愤怒达到极点时，他大胆说出自己的下一步打算和设想。大家也觉得最近的状态很差，应该为自己找点事情做。于是所有人一拍即合，准备重新大干一场。

02 911，传票，梦碎

2001 年，卡兰尼克召集第一次创业的原班人马，合伙创办了一家名为 Red Swoosh 的科技公司。它的主要业务是为企业提供服务，改进企业文件在网络上传播的方式，提高文件传输的速度，同时帮企业节省服务器开支。

卡兰尼克汲取了上一次的教训，尽可能的不去触犯法律，但是他心里很清楚，开办这家公司的目的除了赚钱，还想“复仇”：他想让当年那些起诉 Scour. com 并最终导致它破产的好莱坞公司都来购买他的服务，让他们“破点儿小财”。

卡兰尼克再次重返硅谷，并在之前公司大厦的对面租好自己的办公室。他以迅雷之势注册好公司，很快就招募了一群有勇气有拼劲的员工一起奋斗。

有了之前创办公司的经验，也有了和合伙人一起磨合的经历，每个人分工明确，很快 Red Swoosh 的运作就走上了正轨。

开始时，公司营运比较顺利，所有的服务都正常运行着，也许是这项技术在当时还比较先进，而且这是每个大企业都需要和必备的技术，所以公司的业务量不断增加，他们还找到了投资人。

所有的事情都准备好了，只欠一股东风助他们扶摇直上，卡兰尼克和他的伙伴们都怀着热烈的期盼等待着投资人的到来。

在签合同前，双方决定开个会确定些细节。2001 年 9 月 11 日，投资方代表丹尼尔（Daniel Lewin）坐上了飞机，准备去他们公司。

丹尼尔和他的团队非常严谨，他们做任何事情都会利用多项数据和资料来分析，会全方位考察对方的前景，最终才做出投资决定。很显然，丹尼尔投资 Red Swoosh 也是看到了它的巨大潜力和远大前景。

丹尼尔坐上了美国联合航空公司 175 号航班从波士顿洛根国际机场飞往洛杉矶，在飞机起飞前，丹尼尔给卡兰尼克打了一个电话，并幽默地嘱咐他准备好洛杉矶最有特色的美食等着他，可当所有人都看到了美好的希望时，却没有人能想到结局。

飞机于 2001 年 9 月 11 日 8 点 14 分起飞。8 点 33 分，达到

31000 英尺的预定巡航高度。8 点 42 分至 8 点 46 分间，劫机者开始劫机。8 点 47 分，飞机更改了两次灯塔代码。8 点 51 分，飞机偏离了预定高度。1 分钟后，塔台开始尝试联络飞机但都没有成功。8 时 42 分，飞机的无线电通讯和应答器关闭，飞机脱离航线。9 点 3 分 11 秒，美国联合航空公司第 175 次航班撞向世界贸易中心二号楼（亦称“南塔”），导致所有机上人员以及塔内未知数量的人员死亡，丹尼尔也未能幸免……

投资泡汤，全国上下又乱成一团，卡兰尼克的公司一下子陷入了多重危机。真是屋漏偏逢连夜雨，所有的问题在一夜之间爆发，合伙人企图带着开发团队跳槽到索尼，卡兰尼克用尽办法也无法挽回他们离开的心。公司的资金链也出了大问题，最大的投资人、NBA 达拉斯小牛队的老板马克 · 库班意识到卡兰尼克可能再次败得一塌糊涂，他强烈要求撤资。

再一次，所有的问题都针对他，所有的困境都逼他走入绝境，压力巨大的卡兰尼克在日记中记道：“以前的我是那么坚定，从来没有想过自己会输，可是这一次好像我又要输了，现在我时常在张望，张望别人的生活，从里面找寻一些“如果”的影子。如果没有那场灾难，是不是我现在也在泡着吧，抽着万宝路，是不是现在也可以和心爱的人在一起浪漫，是不是也成了亿万富翁……可惜生活没有如果！人生也不可能重来，现在的我只能向前，只能硬扛，除了这些，我别无选择！”

在那段艰苦的日子里，卡兰尼克每天都是在“硬扛”，虽然公司还在坚持着，可是卡兰尼克身上常常一点钱也没有，他把所有钱都用于公司运转上，他开不起自己的工资，无奈之下他只能搬回母亲家里“啃老”。

西方传统文化历来重视人的个性发挥和智慧的张扬，讲求自由奔放。在美国人的思想里，满18岁以后，你就成年了，可以脱离父母独自生活了，大部分青年人都以独立生活为自豪。可是卡兰尼克才不在乎别人的看法，现在他心目中只有自己的事业，为了事业的再一次成功，他宁愿放下自己的骄傲。况且，能多陪陪父母也是很不错的！

虽然自己可以不领工资，可是公司要正常运转，就需要团队，要能留住人心，就需要给每个员工发不低于市场标准的工资。

可是，现在的卡兰尼克已经负债累累，现在他最缺的就是钱。那段时间，他压力大到每天脚抽筋，每个夜晚都会被腿部传来的剧烈阵痛惊醒，即使妈妈体贴地每天都给他熬营养丰富的骨头汤也没有任何作用。

妈妈看他每天早出晚归，即使晚上了仍然不停歇地工作，这把爱他的妈妈心疼死了，她写了一封简短却饱含深意的信留在了卡兰尼克的大衣口袋里。

卡兰尼克实在太专注于自己的事业了，他忙得根本顾不上很多事情，就连大衣里有一封信也是过了好几天才发现的。

妈妈给他的信字字包含了对卡兰尼克的爱和关怀，妈妈在信里面说道："我儿子是世界上最棒最努力的男子汉，他以后一定会做出一番大事业，可是我是他的母亲，我不想未来的他有多优秀，多伟大，我只希望他能快乐。最近看到他为事业奔波，也瘦了很多，作为一个母亲，真的很心疼，如果可以，儿子，能不能不要再那么拼了，妈妈只是希望你快乐！"

看完这封平淡却包含了爱意的信，卡兰尼克的眼泪不由自主地掉落下来，也许是长久以来的劳累和委屈终于有人安慰了，所以被感动了吧，虽然妈妈劝他不要太执着，但是却让卡兰尼克那想成功的心更加坚定了。

压力实在太大，卡兰尼克索性不去想，而是更加专注的工作。由于被金钱所累，于是迫不得已做出一个疯狂的决定——不给员工缴个人所得税，这样就省很多钱了！

税收是美国政府赖以生存的财政基础，而个人所得税则是美国政府财政的重要来源。因此，上到美国总统，下到平民百姓，纳税成为每个人的义务和职责，美国的个人所得税制度是国际社会公认的比较完善的税制。

美国有句话：世上只有两件事你逃不过：一件是死亡，另一件就是缴税。很显然，卡兰尼克这种大胆的做法再一次触犯了法律。

法院传票又来了……这次找上门的是国税局，他们给了卡兰尼克两个选择：罚款或者坐牢。在强大的法律体系下，谁也别想钻空子，这次卡兰尼克只好再次认栽，到处凑钱交了数量巨大的罚金。逃税不仅没有省钱，反而令他付出了更大的代价。

03 收获人生第一桶金

卡兰尼克再次受到强烈的打击，为了帮他还债，他的父母把养老钱都从银行取出来给他，爸爸还卖了自己珍藏多年的限量版的车子。

拿着那些钱，卡兰尼克心目中的委屈被无限量的放大，他恨自己无能，恨自己运气不好，恨自己太愚蠢总是做出错误的决定……他很不情愿地把罚金交给了国税局，他在心目中发誓，这几年，一定要成功，即使上刀山，也一定要扛下来！

遭遇再一次打击的卡兰尼克更加努力了，他开始自己跑起了“业务”，他给自己定了一个目标，每天都至少要跑 15 家公司，而在去这 15 家公司的前一天，他至少要打 100 个电话来预约企业的主要领导。

从早上到晚上，他除了会见企业领导，就在打电话寻找客户和维护老客户，就连开车的时候也在打电话，吃饭的时候也在打电话，很多时候，卡兰尼克为了节省时间和节省资金，就简单地在车上啃一个面包，对，这就是他的午餐！

每天打的电话太多，一到晚上，卡兰尼克的耳朵就会开始耳鸣，脑袋也会痛，他来不及去医院看病，以至于这个毛病一直折磨着他。

有一次，他约好了上午 9 点到旧金山会见一个公司的高层，可是从洛杉矶到旧金山开车也需要 5 个半小时，而他前一天在洛杉矶还有一个重要的客户要见面。面对两难的困境，卡兰尼克只能选择半夜出发，由于睡眠不足，困意不断涌上来，他的眼睛不断提出抗议，他只好停下车在路边休息一会。他的潜意识告诉自己，不能睡太久，他实在是太累了，等他再醒过来的时候，外面已经天亮了，看着离约好的时间只差 2 个小时了，卡兰尼克加足马力奔向目的地。也许是太疲倦了，也许是一心想着赶路，他在路上出了车祸，还好只是把车撞坏了，他自己没有受到什么伤害。

也许是被他的诚意打动，幸运的是，约好的那个高层愿意与他重新约时间。最终也是这位“朋友”帮他介绍了不少业务，让卡兰尼克的公司在最困难的时候得以维持。

卡兰尼克从来不会因为有困难而放弃，哪怕是一个非常渺小的机会，他总是在不断地摸索中前进，这中间可能会有失败的，也会有成功，但是，如果都不去尝试，让一个个机会从你身边溜走，那才是最让人痛心的“失败”。

一次他获邀参加拉斯维加斯消费电子展，由于身上所剩的钱不多，要节省每一笔经费，他只能睡在一辆租来的汽车里，晚上就像流浪汉那样在附近赌场的卫生间里洗澡。

为了提醒自己不要忘记最初创业的那段艰苦岁月，卡兰尼克特意在一双袜子上印上了“流汗、流血、吃泡面”的文字，以此来鼓励自己不要放弃。

连续6年，卡兰尼克每天都会被人拒绝几百次，这种无数次的被人拒绝，练就了卡兰尼克无比坚强的内心，被人拒绝似乎已经成了一种习惯，但是他永远都不会放弃坚定的信仰。

在成功的路上，卡兰尼克所受的苦太多太多，经历了很多人难以想象的煎熬，可是他坚持下来了。我们中有很多人可能就是在走向成功路上的最后几小步就放弃了，但最重要的就是步入成功的那几步，如果中途就因为受了一点苦放弃，那你注定是失败的。在你最辛苦的时候，就是你进步最快的时候，所以每个人在快要放弃的时候要不断对自己进行心理暗示，再坚持一下，再坚持一下，很快就会柳暗花明。

在卡兰尼克的坚持下，公司折腾了几年之后，逐渐有了起色。

到 2007 年，公司的业务量已经非常大了，当年起诉他的 29 家好莱坞公司中已经有 23 家成为了他的客户，一家名为 Akamai Technologies 的技术公司出资 1900 万美元将卡兰尼克的公司买下。卡兰尼克回忆道："在卖掉这家公司之前，自己已经好几年没有过收入，每天都在考虑怎么节约钱，实在有点憋屈。"

经过这几年的磨炼，卡兰尼克被锻造成一个如超人般坚强的人，正是他这种坚强的意志力，才让他一步步走向成功。

是的，不坚强，谁来抵御那些嬉笑怒骂？不勇敢，谁去平复磨难后的悲伤？不彪悍，谁去保护已经摇摇欲坠的理想国？

屡遭挫折，屡次挺住，这就是成功的秘密。

挫折其实就是迈向成功所应缴的学费。

Chapter 4
Uber 帝国的“野蛮”崛起

“我意识到一些人形容我是个混蛋。我愿意承认自己不完美，也承认 Uber 这家公司不完美。而且和每个人一样，我和 Uber 都做过一些错事。但是在 Uber，我们都愿意努力地从错误中学习和成长。”

出租车行业正在试图改变由当地政府维持起来的垄断运输地位，他们希望减少竞争。因此我们希望将低成本、高质量运输的可行性问题传播出去，我觉得有朝一日我们可以取得胜利。

01 旅行的意义

卡兰尼克获得了人生中第一笔巨款，省吃俭用了好几年的他最开始不知道怎么处理这笔巨款。某一天，他翻开一本旅游杂志看，就被杂志上世界各地的美景吸引，更被那句广告语煽动：“世界就像一本书，不去旅行的人只读到了其中一页，而你读了多少页了呢?”

天生好强的卡兰尼克根本抵制不住这样的挑衅和诱惑，于是，他决定出去走走。考虑到自己一个人去有些无聊，于是他拿起电话拨给好朋友格瑞特·坎普，他费了很大劲儿终于说服了格瑞特和他一起去环游世界。

属于行动派的卡兰尼克很快就在网上查好旅游攻略，并制定好旅行计划，行程涵盖了七大洲的名胜风景。

如此豪华的环球旅行，可以说是每个人的梦想，同时也是卡兰尼克的梦想。

只有很少数的人才能实现这么豪华的梦想，经过几年的拼搏和坚持，卡兰尼克成为了幸运者，这对他来说，无疑是最好的安慰。

他去攀登了世界上最陡峭的山峰：加拿大努温特省的芒特索尔（Mount Thor）——芒特索尔山峰高达 5499 英尺（约 1675 米）——虽未达到世界之最高，但一定是世界之最险。芒特索尔山拥有 4101 英尺（约 1250 米）的垂直悬崖，平均角度也有 105 度左右。然而，作为行动派的卡兰尼克成功地征服了这座山脉，爬到山顶时，他直言爽极了，有一种山高人为峰的自豪感。

他还去了银装素裹的格陵兰岛，格陵兰岛气候严寒，冰雪茫茫，是地球上仅次于南极洲的第二个“寒极”。因为终年只有雪，没有雨，除西南沿海等少数地区无永冻层，有少量树木与绿地之外，格陵兰岛完全是一座冰雪王国。

卡兰尼克在这个国家度过了最浪漫的秋天，很荣幸地欣赏到了璀璨的极光。极光越演越烈，快速舞动，最终如烟花般在头顶绽放……“如此奇妙的景色，如此美妙的人生”，卡兰尼克不禁感叹道。

在冰岛，卡兰尼克欣赏了举世闻名的黄金瀑布（Gullfoss）。河流从 32 米的高处飞流直下，分为两级。远远看去就好像两条彩虹，沿着大裂谷奔流而去，场面十分壮观，鬼斧神工的断层和碧草如茵的蓝天构成了一幅唯美且震撼人心的油画。

在巴黎，卡兰尼克提出一个想法：“要在埃菲尔铁塔上看看风景。”说做即做的卡兰尼克竟然冒险爬出护栏，企图爬到铁塔上去。很显然，他这种看似疯狂的行动被当地工作人员制止了。

也许到现在为止，卡兰尼克还为没能爬上埃菲尔铁塔感到遗憾吧！

有人说，旅行是会上瘾的，看了那么多美景的卡兰尼克更加停不下来，他还去了日本，希腊，夏威夷，澳大利亚，葡萄牙，塞内加尔……

看过了无数风景，遇到了无数人，在环球旅行中，卡兰尼克成长了很多。在他惊叹于大自然的神奇和美好时，时间已经不知不觉过去了一年。

02 灵感碰撞

去了很多地方，卡兰尼克依然对巴黎念念不忘。

2008年冬天，卡兰尼克与朋友格瑞特·坎普再次来到这个浪漫的城市。

一个寒冷的雪夜，刚刚从赌场出来的他们在大街上久久打不到车，寒冷的雪夜，只穿着一件单薄衬衫和一套黑色西服的卡兰尼克被冻得缩成一团。

于是，这位伟大的天才有了一个足够改变世界的创意：把打车和互联网思维联系起来，让每个想打车的人，通过打开软件，点击按钮，就能有专车来接，于是有了“一个按钮，车即到来”的伟大构想。

回到旧金山后，卡兰尼克对就“一个按钮，车即到来”的创意久久不能释怀，他想要重新开始，再次创业。但是想到之前两次创业的失败，让他有一些犹豫。他觉得自己已经过了挥斥方遒的年纪（都说 30 岁在硅谷就算中年了，卡兰尼克更早迎来了自己的中年危机，担忧自己是否还有能量和动力去组建一家公司），他甚至怀疑起自己从加利福尼亚大学洛杉矶分校辍学去创业也是错误的，他在无限的纠结和懊恼中度过了无比煎熬的几天。

向左还是向右，卡兰尼克每天都在思考着，甚至吃饭的时候他仍然魂不守舍。

一天，偶然间，他看到了电影《午夜巴塞罗那》，被唯美的景色和浪漫的故事吸引（这部电影是 2008 年金球奖得奖电影），当然，他觉得这部电影拍得很棒。他觉得有些不可思议，这么好的电影居然是出自于已经 70 岁的导演伍迪·艾伦之手！后来他回忆道：“这哥们是个老家伙了，他既然能拍出那么棒的电影！我呢？我还年轻，我一定要大干一场。”

他曾经用小说《源泉》（*The Fountainhead*）的封面作为自己的 Twitter 头像。《源泉》是一本极有生命力的文学名著，记述的是一名建筑师的霍华德·洛克，与竞争者彼得·吉丁和报纸专栏作家托黑的斗争经过。除此之外，书中还传达了大量的时代主题：个人主义的力量、善行与邪恶的较量。书中的洛克被大家认定为“狂人”，但是最后他取得了胜利。没错，他喜欢那本书，但他并不承认小说主人公是他的精神偶像。

相比起别人叫他懦夫，卡兰尼克更希望别人称他为“狂人”。即使遭遇了很多次挫折，被无数人否定过，即使自己年龄也越来越大，他还是重新拾起信心，决心投身再一次创业之中。

在一次聚会中，卡兰尼克告诉几个朋友自己想做一款应用程序，可以让想打车的人只要在手机上一键点击，就会有专车到达身边，他甚至想好名字——UberCab。这个聚会上的很多人，包括作家蒂莫西·菲利斯当时都觉得这个想法很荒谬。对于这个想法，他们只是笑笑就忘记了，而著名的投资天才——克里斯·萨卡却从里面看到了商机，他决定拿出资金支持这个项目！

克里斯·萨卡是所有创业者都知道的名人，被称为天使投资人的一朵奇葩。他有着精准的商业嗅觉，到目前为止，他已经投资了几十家估值达到十亿美元级别的初创公司。

2009 年，卡兰尼克和几个合伙人在旧金山找了家汽车租赁公司提供服务，他正式把公司命名为 UberCab，选择 UberCab 这个名字，名义上是想整合闲置的出租车资源，当然，也有一些卡兰尼克的个人色彩，有一点轻微嘲讽出租行业被垄断的意思。UberCab，从字面上来看，是“超级出租车”，或是“最好的出租车”，它的业务范围以旧金山为基点向境内辐射。由于服务好车又好，UberCab很快在当地IT圈火了。

2011年5月，卡兰尼克正惬意地品尝着朋友送来的上等南美咖啡，但秘书慌张的敲门声毁掉了他所有惬意，同时也让卡兰尼克意识到事情的严重性。原来是罚单又来了，UberCab因为没有相关出租车公司的执照，被旧金山交通管理局处以20000美元罚款，他们给UberCab的运营挑了一堆刺，最后还说：“你们没出租车运营资质，怎么能叫UberCab呢（cab是出租车的意思）？”

要换别人，肯定觉得这买卖没法干了。没想到卡兰尼克看到禁令开心得不行，见人就说：“他们要封杀我们，这个项目成了！”

2010年10月，卡兰尼克召集公司的几个合伙人开了紧急会议，他们并没有将冲突的重点放在产品的运营模式上，而是在另一个视角中找到了捷径，卡兰尼克将这种情形称作“有原则的对抗”，他无视那些没完没了的政府命令，拍着桌子做出了一个无伤大雅的决定——改名字！

2011 年，租车应用正式更名为 Uber，卡兰尼克不加犹豫的从环球唱片公司购买了 Uber. com 的域名，代价是公司 2% 的股份，到后来，他又用 100 万美金回购了这些股份，当然，目前这些股份已经价值数亿美金。

改了名字之后，Uber 将发展战略调整为专注于中高端出租车市场，卡兰尼克的“贼心”再一次起了作用，很快，Uber 在西雅图、肥城、檀香山、丹佛等二十几个美国城市开展了租车业务。

03 打怪一样的全球扩张

硅谷的创业公司喜欢给会议室取一些奇怪而充满战斗力的名字，Uber 也不例外，在旧金山市场街的新总部里，主会议室被大家称为 War Room（作战室），这多少标明了 Uber 的野心，更表明了 Uber 整个公司的工作气氛。

五月的洛杉矶酷热难当，卡兰尼克从街角的咖啡店买好提神必备的咖啡，乘电梯上楼，坐进他的总裁椅里，虽然此时正有一万个麻烦正等着他去处理，但是享用咖啡的这几分钟，他有另一件事情要做，那就是，要看看今天，属于 Uber 的新闻。

创业者常常会有类似的感受，一个产品被空投到世界，不论你此前对它有多少种设计，他就像一个出生的婴儿会逐渐长大一样。步入社会的新产品很快开始具备自己的性格，它表现出一些你未曾预料到的特质，经历着你没经历过的事情。

作为卡兰尼克心爱的孩子，Uber 成长得很快，它甚至开始在外面惹事、闯祸，当然，更多的是带来新故事，这些故事让卡兰尼克自己每每都觉得惊喜，更是常常感动不已。

雄心勃勃的性情总是难改，想要改变世界的理想驱使着他不断前进。卡兰尼克在成功游说了华盛顿之后，Uber 不再满足于在美国本土的市场，Uber 先后在加拿大多伦多以及墨西哥城的出租车市场布局，为打通整个美洲市场做足准备。卡兰尼克的触角很快冲出美利坚，横跨大西洋。

2011 年，Uber 将租车应用全面推向海外，而此时，在旧金山的 Uber 总部里，卡兰尼克的手下，才仅有 20 名正式员工。

全球扩张，卡兰尼克的目光最先看中的自然是欧洲市场——他忘不了 2008 年那个风雪交加的夜晚，在巴黎街头打不到出租车的惨痛经历——那正是孕育 Uber 的地方。

如今，他有足够的实力用 Uber 去改变巴黎街头的“打车难”了，想到这里，卡兰尼克的心里涌上一股强烈的征服感，让梦想回到起航的地方，还变成了现实，有什么能比这个来的更解气呢?

笃信“小而精”的卡兰尼克将“去中心化”贯彻始终。为了将人员浓缩到极致，卡兰尼克在全球扩张中贯穿了“三人模式”，那就是，Uber 每进入到一座新的城市，一般只有三名工作人员：市场经理——负责营销、了解服务质量、同媒体和乘客打交道；运营经理——负责招募、并管理与司机有关的事情；另一个人则负责处理其他一切杂务，同时应付政府和竞争对手。

卡兰尼克深知，处在成长期的创业公司必须控制人力成本，无论多大的城市，刚开始，都是三个人，因为卡兰尼克发现，在一个只有三个人的团队，沟通成本会变得非常低，信息冗余度也随之降低，因此团队的凝聚力变得超强，像是一个半径很短的陀螺，小团队的爆发力和速度令人惊叹。卡兰尼克在一次采访中说：“我们团队的组织结构就是一个三角形，而三角形，永远是最稳固的。”

用三个人搞定一座城，卡兰尼克的“抠门”为 Uber 的全球系统带来了难能可贵的灵活和高效。

卡兰尼克对巴黎的发布会投入了全部精力，由他亲自招募来的三位地区业务主管，和他一起研究了巴黎的出租车价格、路况密度和交通法规，当然，智能手机使用情况更是被着重考虑在内的，调研必须深入本地。

开始扩张之后，卡兰尼克几乎迅速进入了“飞人”的状态，最初两年内，Uber 进军十多个城市，卡兰尼克几乎每天都像上了弦的弓箭，跑遍了这些城市的机场和街道。

有段日子，他每天早晨醒来都不清楚自己身在何处，需要拉开窗帘醒醒神，才回想起自己昨天是身在伦敦还是华盛顿，这种感觉似乎更像是，没完没了的“打怪”。

打怪，居然也会上瘾，这和攻山头似乎是一个道理——打得赢怪兽，你才会得到奖励。Uber 扩张历程从创立到全球布局仅用了 4 年。

Uber 首席执行官卡兰尼克通过对市场日渐增长的需求进行观察，预测 Uber 短期内会在国外迅速扩张。随着资金以及用户需求的积累，卡兰尼克的预测很快成为现实，

之后，Uber 大刀阔斧地开展行动，先后布局加拿大多伦多以及墨西哥城等租车市场，为打通整个美洲市场做足准备。

2012 年 7 月，Uber 落户英国伦敦，在当时条件不是很充分的情况下，仅有 90 名司机以及宝马、猎豹两种车型为 Uber 用户提供服务，这次扩张创造了服务规模的最小记录，但首战告捷，此次扩张活动，是 Uber 抢占欧洲租车市场的第一棒。

2013 年 2 月，Uber 在酝酿亚洲业务一年多后，终于开足火力向亚洲进攻，经过一个月的多方位测试，宣布登陆新加坡，这样 Uber

便成功地扩张到亚洲地区。

2013 年 6 月 26 日，Uber 迅速在亚洲地区迈出第二步，韩国首尔接受 Uber 测试，并在一个月的考察后，Uber 服务在首尔正式上线。

2013 年 6 月 28 日，仅仅两天时间，Uber 宣布成功登陆台北，相继之后，中国香港、东京也很快成为 Uber 的布局城市。可能是我国大陆租车市场环境监控比较严格，也可能是相关的政策控制着大陆的租车市场，Uber 在我国大陆地区扩张的脚步则相对缓慢，2013 年 8 月在上海测试并上线后，历经三个月才宣布将深圳作为第二个布局城市。

2013 年 7 月，在美国国家冰激凌月的这个重要节日，Uber 上线“快递冰激凌”服务，给很多人带来便利的同时，借助这个节日为自己做了很大的营销推广，以至于全美国人提起 Uber 时都赞不绝口。

同年，Uber 还推出了从纽约到汉普顿斯的直升机 + 私家车租赁服务，这是一项昂贵的服务，需要消费者交付 3000 美元的高额费用才能享受，但是，还是有大批人愿意花那么多钱去享受这项服务，毕竟，他的性价比还是非常高的。

此外，Uber 还在国家猫咪节这天上线了快递猫咪服务，只要你喜欢猫咪，愿意收留猫咪。只要打开 Uber 的应用，并点击选择 Kittens（意为小猫），过不了多久就会有 Uber 司机把萌萌的小猫咪送上门，而用户也有 15 分钟的时间可以尽情和猫咪玩耍嬉闹，如果你喜欢这只猫咪的话，就可以确定收养它。

这个活动本身其实还有更深远的意味，那就是提高人们对流浪宠物的认识，以及为他们做慈善募捐。在 Uber 所到之处，公司会和当地的动物收容协会一起策划活动，所得车费都会捐给当地的动物收容所。同时，Uber 也鼓励用户邀请自己的亲朋好友，通过“Split-Fares”（AA 付车费）来一起参与募捐活动。

一系列的“额外服务”都表明 Uber 已经不满足于仅做载人服务，而要发展为多类型的服务平台。

每年的四月中旬都是泰国人民和国外游客狂欢的日子，因为面对一年一度的泰国泼水节，Uber 借此事件策划了一场营销盛宴。一方面，用户可以通过点击 UberSplash 选择最近的蓄水卡车。预约成功后，用户将可以登上卡车停留 20 分钟，为自己的水枪蓄水，并在车上“占领高地”，“射击”路上的行人。

另一方面，Uber 还为那些想要参与泼水节狂欢，但却顾忌随身重要物品被水淋湿的游客提供了 SurvivalKit（戏称为“生存套装”）。这个套装包含了一件雨衣以及一个防水信封，用户可以把自己随身携带的钱包和手机等贵重物品放到信封里加以保护。

用户通过 Uber 的应用点击 UberBIKE（没错，是自行车!），设置套装送达的地点，过几分钟就会有人蹬着自行车给你送来，此套装仅限 500 套。

2013 年 11 月，Uber 宣布首度进军东欧市场，第一站便是俄罗斯莫斯科。莫斯科拥有超过 1100 万的人口，因此尽管有汽车服务 GetTaxi 先于 Uber 在此运营了一段时间，但庞大的租赁市场依然给 Uber 准备了容身之地。

2013 年 11 月 28 日，国外租车应用 Uber 在我国深圳开始测试，这也是继 2013 年 8 月进军上海之后，Uber 在我国的第二次布局。作为 2009 年才成立的初创企业，Uber 目前已经在全球多个国家留下足迹，并在扩张的道路上大动作频频，运营范围遍及北美洲、拉丁美洲、欧洲、中东、非洲和亚太地区。

Uber 的扩张速度和规模非常迅速，但在 Uber 的扩张历程中，也经历了不少挫折。Uber 在一个城市运营之后，很明显地打击了当地的出租车行业。因此，Uber 经常受到出租车司机们的抗议，也经常接到政府的禁令。

但卡兰尼克从来不觉得这是能够阻止他前进的挫折，反而，这更能激发他的斗志！在华盛顿，他在网上发动了数百万居民给市长发邮件要求政府解除禁令。在伦敦，数以千计的出租车司机聚集在特拉法加广场。伦敦交通部门同样在网上发布公告，建议受影响的用户使用地铁。法国出租车司机也发起所谓的“蜗牛”行动：以类似于蜗牛的低速度在主要街道和干道上行驶。马德里的出租车司机从当地时间上午 6 点开始举行为期 24 小时的罢工。巴塞罗那出租车司机则在市中心举行示威游行。在柏林，出租车司机于当地时间中午在多地会面，然后一同前往 Olympischer Platz，当天中午 1 点有 1000 辆出租车聚集到此处。

尽管多地出租车司机罢工，打不到车的居民只好被迫下载 Uber 应用，反而导致了 Uber 的快速推广。

为了打击和遏制 Uber 的扩张，一些地方政府实施了严格的监管。Uber 司机在中国的多个城市都遭遇过交委部门的查处，但激烈的群众反应让执法部门感到忌惮，于是 Uber 暂时潜入政府灰色地带。除去一些敏感地点，Uber 在城市的绝大多数地区赢得了自己的生存空间，在中国的日订单量仍然每天超过 100 万份。

2014 年 12 月，中国台湾交通部门称，Uber 涉嫌“违法”经营打的服务，计划封杀 Uber。

2014 年 12 月，Uber 在印度的一位司机被告强奸女乘客之后吃了禁令，被禁止在印度首都提供任何形式的服务。

2014年12月，西班牙法官以“专车司机未经授权、属参加不当竞争”为由命令Uber停止在西班牙的运营。

2014年12月，泰国曼谷交通管理部门颁布法令，要求Uber立即关闭业务，以解决该公司司机缺乏管理登记以及商业保险等问题。

2014年12月，荷兰要求Uber司机必须要获得出租车执照，并再次指出如果Uber在该国继续经营，将即刻被处以高额罚款。

2014年9月，德国法兰克福的一家法院发布禁令称，在决定Uber是否存在不正当行为之前，将在全境封杀Uber的服务。

2014年7月，韩国首尔市政府表示，将寻求封杀Uber打车应用。政府的公开声明称，韩国法律禁止未注册的私人或租赁汽车提供收费的运输服务，因此Uber是非法的。

2015年6月，Uber在法国巴黎遭到抵制，UberPop被认定为“组织非法出租车运输服务”。早在2014年12月，法国政府就宣布，从2015年1月1日起，在全国范围内禁用Uber打车服务。

在美国迈阿密、奥兰多、奥斯汀和弗吉尼亚州等地区，Uber的服务也同样被法律所禁止。然而，在美国不少司法管辖区中，Uber已成功实现了服务的合法化。

面对如此多而集中的挫折，卡兰尼克说：“我们完全合法，并喜欢完全合法，政府想要关闭我们，你要么按照他们的要求去做，要么就为信仰而战斗！”

目前 Uber 已经在全球 58 个国家超过 300 个城市实现了部署。从 Uber 在不同地区的扩张节奏可以看出，面对本土租车行业以及政府管制，Uber 的扩张并未受到影响，可见其除了有过硬的核心优势能吸引到消费者之外，与当地相关行业、部门周旋的能力同样非同一般。

而随着“打到车”这一初衷的基本达成，Uber 也开始着手挖掘更深层次的价值——城市服务。卡兰尼克说：“我们在美国的一些城市，送快件，送食物……通过算法，可以将闲散的存量汽车资源变成有价值的公共资源，在城市中创造新的职位、增加司机的收入、实现节能减排。我们服务城市的理念实践出来，能让城市变得更美好。”

最近，多伦多街头装上了自助酒精检测机 UberSafe，市民们通过抽取吸管、吹上 6 秒钟，机器便自动监测人体内酒精浓度。如果发现有人浓度超标，UberSafe 就会自动帮忙叫一辆车，至于车费，也是 Uber 来付。此举可以让更多人体验服务，甚至养成“喝了酒叫辆 Uber 就好”的习惯。

据悉，加拿大的车祸率在晚上 12 点之后会是平常时段的 3 倍，所以这项活动一开启便在网络上引发不少讨论。

卡兰尼克曾经是马里奥赛车、wii 网球以及愤怒的小鸟的死忠玩家。在大家都玩愤怒的小鸟的时期，他是美国愤怒的小鸟分数排名第七的玩家。他曾公开发表过言论：“如果有人递给我一个游戏，并告诉我有人创造了世界纪录，我就会努力玩到世界顶尖。”

对于认识卡兰尼克的人来说，他的个性一度被描述为无拘无束和狂妄自大，而这也通常被认为是 Uber 如此成功的原因之一。

04 4.55 红线

对于很多在 Uber 工作的人来说，他们最大的感觉就是，在 Uber 找到了激情和价值。因为 Uber 是一个创业团队，Uber 已经植入到他们生活中的一部分了。

Uber 要求每个人成为一名专业的司机。它以军事化管理来从细微之处要求所有人，专业是每一个司机必不可少的素质。它现在已经迈开了全球化的步伐，服务覆盖面更加广泛，已经成为当之无愧的市场领导者。

Uber 的宣传语是：每个人的私人司机。这奠定了整个公司核心价值、公司愿景，以及公司从上到下全体人员的思考模式和行为方式。

莱格·孟德尔（Greg Muender）是 Uber 的一名司机，他在为

Uber 工作的时候，评分接近了 Uber 公司所设定的 4.55 的红线。Uber 内部有一项管理规定，司机的奖励和评分、接单率、成单率有关，4.55 红线是 Uber 为司机设定的一个评分标准值，低于评分标准值，司机就有可能接到 Uber 发来的警告通知。因此，Uber 发来了通知，特此警告莱格·孟德尔。

Uber 的措辞非常的严厉，不像大多数邮件是那种很客套的语言。一般大家都会这样作为开头：“嘿，我们特别珍惜你作为司机为公司服务的机会，但是顺便提醒你一下，你在乘客那边评分有点儿低，现在让我们来看看怎么改善它吧！”

Uber 的通知开门见山，首先就说了莱格·孟德尔的评分非常低，接近了最低分临界处。这样下去的后果很严重，有可能会影响到在 Uber 这个平台上后续的业务。足够严厉，非常直接，这是 Uber 跟司机沟通时的特色，由此更能表明 Uber 方面非常尊重司机这个职业。

后来经过莱格·孟德尔证实：“Uber 完全搞错了。其实我的评分从来没有下过 4.9。”

随后 Uber 又发来一封承认通知错误的邮件澄清了整个事情。

Uber 会给每一个司机发这样一封邮件：“司机应该穿带领子的衬衣，表现也要更加专业一些，在合适的时候要主动帮乘客拎包、开门，有行李的乘客，要帮忙将行李放到后备箱。”由此，表现出 Uber 是一个很在乎服务和细节的公司。

最近，Uber 还给每个司机发了一个工作专用的 iPhone，上面预装了 Uber 的 app。对司机们来说，这就更加清楚表明了 Uber 的立场：“你的工作和生活应该分开。你的私人手机是你的私人手机，你的工作手机是你的工作手机。你要么开启工作模式，你要么就开启生活模式，别把这两样给搞混了。”

05 霸道总裁是暖男

卡兰尼克有一段不为人知的恋情，直到一次风波，这段往事才被很多人熟知。事情的经过是这样的：在第八届 Annual Crunchies 大奖上，喜剧演员 TJ 米勒（TJ Miller），在 HBO 的电视节目中讽刺硅谷初创企业时，他对卡兰尼克开了一个玩笑。

笑话猛烈抨击霍尔兹沃思的男朋友和她的一个好朋友，甚至羞辱了她。

事实证明，此次事件的女主角即著名小提琴家霍尔兹沃思（Gabi Holzwarth），关于她，有一个不平凡的故事。她与厌食症进行了长达十年的战争，这个毛病几乎杀了她，但是现在她已经在恢复的道路上了，并且已经有三个月没有复发了。

没错，她的男朋友就是“名声在外”的 Uber 首席执行官特拉维斯·卡兰尼克，后来，她与商业界内部的人回忆起与他的浪漫史。她回忆道：卡兰尼克，他是一个绅士，也是一个非常乐于帮助别人的人，他一直在帮助我恢复。他是这样的一块石头，外界都对他产生很多误会，没有人看到他真实的另一面。”

她回忆：一年前，她的生活一团糟，没有真正的朋友，不得不辞掉工作。她说：“饮食失调像是一种毒瘾，每天侵蚀着她的健康。”她甚至感到生活无望，想要结束掉自己的生命，还好她没有那么做。

她给自己一点时间来恢复，开始时她在帕洛阿尔托街上拉小提琴，只靠微薄的收入支撑生活。后来渐渐有一些活动主办方发现了她的才华，她被邀请去一些高档聚会上演奏小提琴。

霍尔兹沃思回忆道：“那个时候只是想找点事情做，只是想要单纯的健康。”不知道该做些什么，每天都觉得生活没有任何意义，迷茫和无助充斥着她的生活。于是，她多次想到要尽快了结掉这充满病痛的身体。

直到在一次聚会上，她邂逅了卡兰尼克，她告诉卡兰尼克自己患有饮食失调症，并向他倾诉了自己的一些故事。卡兰尼克和别的人不同，很愿意听她的故事，并愿意为她开解。渐渐地，他们互生好感，并开始约会。但她没有完全诚实地告诉他自己是重度厌食症，而且很有可能复发。

卡兰尼克的出现就像一道光照亮了霍尔兹沃思的人生，她开始觉得生活非常有意义，她开始意识到自己要努力让身体好起来，她甚至觉得自己向他隐瞒一些事实也是不道德的。

一段时间后，霍尔兹沃思了解了真实的卡兰尼克，不愿意再隐瞒他。霍尔兹沃思大胆地告诉了他一切：自己只有 30 磅体重，脂肪水平严重低于标准水平，可恶的病痛每天折磨着她的身体，她随时都有可能离开这个世界。

告诉卡兰尼克这个事实，并写了一个 Facebook 帖子，竟然出乎意外地有数以万计的点赞数。在写这篇文章的时候，她哭了，但是她从未感觉如此轻松。

霍尔兹沃思完全做好了他可能会因为受到欺骗而离开她的准备，但事实证明，他很爱她，卡兰尼克并没有对她的隐瞒生气，而是对她说：“我们一起努力，你一定会恢复健康的!”这句深情的表白，极大的鼓舞了霍尔兹沃思。

后来，卡兰尼克也将自己的诺言实施到底，他每天都会检查霍尔兹沃思的饮食，并亲自为她制定健康食谱，帮助她治病。卡兰尼克的电话为霍尔兹沃思 24 小时开机，如果她需要帮助，他就马上冲回家，甚至可以不顾公司所有人在等他做一个重要的决定。

很显然，从前他们是非常相爱的，可惜的是，因为性格上和文化上的一些差异，让他们最终没能走在一起。但在霍尔兹沃思认为，是卡兰尼克救了她，他就像孩子一样纯真和善良，她不容许别人讽刺或者侮辱他。她说：“即使我们不在一起了，他依然是一个天使，希望大家能保护他，不要误解他。”

Chapter 5
帝国的野蛮成长

“我告诉我的团队，我们只管继续服务好自己的客人，打造好的体验。只要我们把事情做对，那么一切都会好的。”

创业是一个不断否定的过程，有些领域无法施展拳脚，有些限制绑住了你的手脚，但同时，这也是一个不断发现的过程，在一步之后你有了更多步的选择，去做一些原本完全没在你计划里的事。卡兰尼克的野心从一开始就不仅仅会止于帮助人们解决出行问题，而是有更多你能想到和想象不到的服务，这种转角遇到的惊喜，才是创业吸引卡兰尼克最核心的魅力。

01　硅谷最有眼光的天使

2010 年夏天 Uber 刚刚创立的时候，卡兰尼克的公司仅有几个员工和一小笔种子资金，这里边有卡兰尼克自己的积蓄，合伙人坎普的入资，还有其他一些小小的支援。

然而不出半年，著名的天使投资人克里斯·萨卡（Chris Sacca）发现 Uber，并在 Twitter 上表达十分看好 Uber，他甚至直白地说道，“关注@ Ubercab 吧！”

萨卡到底是何方神圣呢？

Google 公司前职员，Twitter 持有股份最多的独立投资人，此外，还投资了在线支付公司 Stripe、手机安全公司 Lookout 和博客平台运营商 Automattic 等估值超过十亿美元级别的初创公司，被称为“创业公司的最佳好友”。九年的时间里，萨卡的个人身价从一无所有涨到 12 亿美元，《福布斯》2014 年度前 100 名科技投资者富豪排行榜上，39 岁的萨卡位列第三。Youtube 首席执行官苏珊·沃西基评价萨卡说："他总是被有趣的项目和新颖的重大创意吸引，总想试着创造下一个伟大的事物。"

萨卡可以说是硅谷的"异类"。毕业于美国乔治城大学法律专业，没有任何工科或者商科的背景，不懂电脑编程，没有任何创业经验，没有大型风投公司的工作经验……然而，这些都无关紧要，天才就是天生的，凭借超高的商业嗅觉，萨卡成功了。

他所做的事情非常简单，就是和自己看好的创业者成为"好朋友"。当他们失意的时候给予足够的关心，安慰并不断鼓励他们；当他们犹豫不决、举棋不定的时候，不断激励他们，激发他们的创业灵感。

萨卡认为与创业者成为朋友十分有意义："我从不觉得我这么做是在保护什么东西，这让我在做决定时，比其他资深的投资者少了很多顾虑。"

萨卡经常会邀请一些来自旧金山的企业家和投资者，来到他那位于特拉基的豪宅里聚会，他们一起泡上几个小时的澡、喝着小酒，谈论生活、事业和未来，一起度过一段美好惬意的时光，他们把这样的聚会称作为“浴缸聚会”（Jam Tub）。也正是在如此放松的环境里，萨卡第一次听说了 Uber。

通过聚会，萨卡和卡兰尼克日渐熟悉，成为了无话不说的朋友。俩人最后在特拉基的一间小屋里为 Uber 募集到了 130 万的天使投资资金，其中萨卡出资 30 万美元，对于一个少于 800 万美元的基金来说，这是一笔不小的投资。

除了金钱投资以外，萨卡还帮卡兰尼克协调报酬，并从环球唱片集团手中拿到了“Uber”这个名字的正式使用权。在 Benchmark Capital 的比尔·柯尔利于 2011 年初领投的 A 轮融资活动中，Lowercase 基金又给 Uber 投资了 40 万美元。之后，萨卡不断追加对 Uber 的投资，就像当初对 Twitter 的战略一样，不断增加自己的股份。

然而，卡兰尼克对于萨卡此举表示十分寒心，他认为萨卡企图从其他初期投资人手中买断 Uber 的二级股，两人的友谊开始慢慢地出现了裂痕。据公司内部知情人透露：“卡兰尼克本来对公司有着 100% 的控制权，而自从有了萨卡以后，情况就变成了‘萨卡怎么说？’”

狮子座的卡兰尼克控制欲极强，为了保证自己在 Uber 的绝对领导地位，他不得不警告萨卡不要再以顾问身份出席任何公司董事会会议。

直到今日，这两位商界鬼才已经没有任何交流。

不过，萨卡还是 Uber 的忠实粉丝，在自己不开车的时候，他总是使用 Uber 叫车。

02 急速融资

好的概念永远是大鱼的诱饵，风水转起来的时候，好运气挡也挡不住。

2010 年深秋，卡兰尼克接到了风投资本家马特·科勒（Matt Cohler）的电话，他们就 Uber 的未来发展模式做了颇具远见和鞭辟入里的畅谈，对于将移动端和日常生活紧密结合的蓝海，两个人有着深刻的共鸣。马特·科勒在电话那头说："我觉得智能手机是现实生活遥控器，你们的 Uber 是我见过的最好例证。"

和无数大佬打过交道的卡兰尼克那一夜竟也无法阻挡地失眠了，曾经的大佬们，就算来，也都是来跟他找麻烦的，而现在，他们带着对自己的认可和钱袋子来砸门，卡兰尼克觉得有点像做梦，当然，这个美梦在那时还仅仅是雏形而已。

2011 年 10 月，在民间已经具备一定声誉的 Uber 组织了一场声势浩大的融资，科技行业里最著名的那些风险投资大咖们都对 Uber 表现出了浓厚的兴趣，包括网景联合创始人、Andreessen Horowitz 的马克·安德里森（Marc Andreessen），当然，他也是卡兰尼克在那次融资中的首选投资者。

所谓知音难遇，特别是在融资过程中，遇到金主儿也许不难，但撞见一个真正欣赏并愿意为你的理想买单的金主，着实可贵。

卡兰尼克急切希望用 3.75 亿美元的估值出售公司 12% 的股份，他希望利用这个机会，让安德里森加入 Uber 的董事会。

然而，事情并没有卡兰尼克想象的那么顺利，第一次和安德里森共进晚餐的时候，卡兰尼克感觉到这是一次并不完全充满好意的“鸿门宴”。安德里森劈头盖脸地将 Uber 的客户数、营业额和营业收入放到台面上来谈，然后，将估值降低到 2.2 亿美元，这是让卡兰尼克实在无法接受的野蛮砍价。

几天后，再次坐下来共进晚餐的两个人气氛缓和了许多，对方的江湖名气和气场显然都盖过了卡兰尼克，他开始动摇，眼看着对方在自己的脑袋上跳舞，但到最终，卡兰尼克仍然没能说服自己，也许每个创业者保护自己的产品，就像是父母看自己的孩子一样，散发着天使般的光芒，哪怕明知道是自己高估了，也绝不愿意屈就。

这次没有达成的协议虽然并没有造成两个人之间的不愉快，但在卡兰尼克的心里，却是一次实打实的创伤，他回忆道，“这是一次重要的交易，因此当超越底线时，你必须重新开始。”

当然，现在回头再看，安德里森显然错失了大好机会，对于卡兰尼克来说，上帝有时会关上一扇门，但，这门并不会被锁上。

很快的，当时在 Menlo Ventures 的谢尔文·皮舍瓦（ShervinPi-shevar）向 Uber 投资了 2000 万美元。随后他将认识的好莱坞大牌如阿里·伊曼纽尔（Ari Emanuel）介绍过来，又向 Uber 投资了数百万美元，亚马逊的杰夫·贝索斯也进行了投资。

最终，这场柳暗花明的融资以总额 3750 万美元告终，Uber 被估值为 3.3 亿美元，当然再之后，投资人闻风而来，热情不断高涨，融资额度更是水涨船高，到 2014 年夏天，Uber 的估值已经达到了史无前例的天价——170 亿美元。

对卡兰尼克和他的团队来说，更高的估值和雄厚的融资是强大的催化剂，因为就在当时，卡兰尼克已经看到了全球在招车领域的广阔需求和市场空白，他知道，不多久，Uber 就会向美国各地以及全球扩张，雄厚的资金支持，无疑将为这场跑马圈地一样的领土之战做足了准备。

2010—2015年Uber融资历程

融资	融资时间	融资规模	投资机构	估值变化
天使轮	2010年10月	130万美元	红杉资本等	N/A
A轮	2011年2月	1100万美元	Benchmark & First Round	N/A
B轮	2011年12月	3700万美元	贝佐斯、Crunchfound等	N/A
C轮	2013年8月	2.58亿美元	Benchmark& Google Ventures等	N/A
D轮	2014年5月	12亿美元	黑石基金、KPCB & Google Ventures等	180亿美元
E轮	2014年12月	12亿美元	红杉海外、富达亚洲风险投资、KPCB凯鹏华盈等	410亿美元
战略投资	2014年12月	6亿美元	百度	N/A
战略投资	2015年3月	2400万美元	Times Internet	N/A

03　三个人的团队

2014 年，已经风靡欧美的 Uber 在中国的租车叫车市场仍然是一个名不见经传的小公司，它在国内的介绍会上甚至只吸引了寥寥不足十人的听众，很多人会担心 Uber 是否会像 eBay、Yahoo 等外国巨头那样在中国遭遇滑铁卢。

然而，一年后的今天，Uber 以日均 100 万单的订单量为其在中国的营销之战交出了一份漂亮的成绩单。面对政策的限制、同行业竞争者的打压，Uber 的中国之旅走得不可谓不艰辛，但从默默无闻到风生水起，Uber 究竟是依靠什么突出重围、扶摇直上？到底是什么在支撑着 Uber 完成飞速发展的奇迹？

回顾 Uber 国内外的成长历程，我们不难发现，Uber 爆发式的发展并非只存在于中国市场，成立只有五年的 Uber 在全球 57 个国家/地区、200 多个城市一直以惊人的速度发展，这是与其整个团队高效、简洁的管理策略是分不开的。

相信很多人都很难相信 Uber 在每一个城市的团队基本配置只有三个人，分别是市场经理、运营经理和城市总经理。

市场经理主要负责市场营销，以分析和满足消费者的需求，同时还负责媒体的对接及其他创意活动；运营经理主要负责供应端的数据分析和资源配置，以确保用户能得到放心优质的服务，同时还要确保司机的数量与用户数量之间的匹配度，防止因为接载力不足、服务不到位导致用户取消行程；城市总经理主要负责策略性规划，确保公司在城市商业运营中的可持续发展。

明确的分工、精准的布线使 Uber 团队的行动少了很多掣肘，赢得了更多的时间可以为用户提供更专业的服务、更优质的体验。因此，Uber 公司力争团队中的每个成员都要拥有巨大的能量，要求团队中的每个人都能够以一当十，独当一面，发挥自身的长处，专注于品牌的塑造。这并不是说，Uber 是个苛刻、冷酷的管理者，恰恰相反，在这样一个年轻又有干劲的团队中，会激发每个成员的最大潜能，思考并发挥小宇宙的最大能量。在这个团队中，每个人以各自的行动力给同伴以强力支持，让彼此感到不再是孤立无援。因为 Uber 要做的是一件别人都没做过的事情，而且这件事情可能会改变整个世界，光是想想就令人充满了热情。

除此之外，Uber公司运作的优势在于内部管理趋于透明化和扁平化。每个Uber员工都可以在内部平台上看到全球所有数据运营的情况，这为各个城市团队在决策方面提供了宝贵的参考。在这个内部平台上，你还可以讨论任何问题，大家会想办法对你提的问题作出解答，你甚至会得到CEO对问题的回复，这是任何公司都比不了的！在策划活动的时候，Uber公司人人平等，总部也不会因为职位等级的高低影响各个城市团队的决定，毕竟只有在最前线的人才最了解情况。这一点，是许多公司做不到，很多公司往往都是高层在按照自己的意愿布置任务，很难听取下属的意见，更不要说让下属来做决定了，这样的公司员工做起来哪有充足的动力！

这或许就是Uber迅速崛起的秘诀！一个想要改变世界的企业必须要作出和其他企业不一样的改变，没有任何教条可以照搬，因为在Uber，你每天要迎接的是不同的挑战，只有极度透明的环境，才能及时地发现问题，分析原因，寻求资源，以前所未有的方法来解决问题，同时，你会惊喜地发现你的工作所产生的积极影响是立竿见影的，你会为你所服务的用户或司机的笑脸而感动，你会发现你做的事正在潜移默化地改变着人们的生活，你的微笑、你的汗水、你的泪珠、你的全部的付出都是有意义的！

对品牌体验的一致性和推广方法的连贯性也是 Uber 团队凝聚力的体现。一个团队需要的不仅仅是充满战斗力的多面手，更需要的是团队中每一个个体对企业理念和品牌的认同度。Uber 在专车市场中引领风骚的原因之一就是团队成员对品牌的一致认同和品牌推广方法的持续一贯。自打 Uber 成立之初，就依靠快速的复制高话题性、赚取眼球的营销活动在市场上制造声量，从德克萨斯烧烤即时送货服务到 Uber CHOPPER 乘坐直升机去汉普顿，从协助 NFL 球员协会为 NFL 球员提供安全乘车服务到中国的一键呼叫直升机，无数活动的背后是一群拥有统一、明确的价值取向的普通人在坚持着品牌的运营原则。

一旦 Uber 在一个地区建立起自己的品牌知名度，就意味着有更多的跨界品牌想要跟它合作，结交更多的媒体和自媒体伙伴，从而制造影响力更大的活动为自身带来更广的品牌影响，享受更多免费的有影响力的媒体资源。就像一个 Uber 的工作人员曾自豪地表示，只要标题里有 Uber，文章的点击率就高，就能吸引更多粉丝，因此，很多网站愿意写我们。

保持与用户的贴近度是 Uber 赢得众多粉丝的秘诀。在 Uber，从

CEO 到实习生，都会保持与每个普通用户的直接联系。例如，在营销活动中，Uber 的员工都会在社交媒体上对活动进行直播、与粉丝互动，在活动结束后，会发布一篇图文并茂的活动稿，这不仅拉近了和粉丝的距离，也创造了用户间的自传播。Uber 团队坚持一切以用户为先，聆听用户的心声，并来想办法满足用户的合理要求。他们每个人每天都必须阅读并回复 Uber 用户的邮件，对客户所提的问题进行反馈，即使是地区经理也不例外。

Uber 能取得今天的成功，不在于它采用了什么天才的商业模式，不在于它吸引多大数额的风投，不在于它使用多么高大上的运营团队，而在于它汇聚了每个普通人的力量，这些人不仅仅包括 Uber 平台上的员工，还包括今天分布全球 57 个国家/地区的千千万万为用户提供服务的 Uber 专车车主，包括那些选择和享用 Uber 服务的乘客。一个人的力量不足为道，十个人的力量也太过平常，但千千万万人汇聚在一处所形成的力量就足以改变一个城市的出行乃至生活方式。可以预见在不远的将来，Uber 可能成为像自来水一样的存在。而现在，一切只不过刚刚开始……

04 颠覆！玩儿点新花样

在巴黎街头的灵光一现让卡兰尼克有了做租车服务的主意，但，Uber的扩张和壮大绝不仅仅会囿于租车本身。

创业是一个不断否定的过程，有些领域无法施展拳脚，有些限制绑住了你的手脚，但同时，这也是一个不断发现的过程，在一步之后你有了更多步的选择，去做一些原本完全没在你计划里的事。

卡兰尼克的野心从一开始就不仅仅会止于帮助人们解决出行问题，更多的你所能想到和想象不到的服务，这种转角遇到的惊喜，才是创业吸引卡兰尼克最核心的魅力。

设定了租车的基本游戏规则之后，卡兰尼克开始思考一些更加有意思的事情，营销这件事儿对卡兰尼克来说从来都不是一个问题，因为“搏出位”本身就是卡兰尼克自己的生存法则，从出生开始，

Uber 就没有按套路出过牌，此后，当然也不会有。

“要用租车服务做一些额外的事情”，这是卡兰尼克多次在创始人内部会议上和伙伴们达成的共识，要想让产品更“有料”，就得延伸触角——额外服务，这个领域充满无限可能性。此外，“共享经济”也是卡兰尼克提出的关键概念，要和跟 Uber 一样有着先锋灵魂的产品一起，做出乎人们意料的事情，建立起“大家帮助大家”的模式，才能真正地实现野蛮生长。

作为一个刚刚成立的小型创业公司，打硬仗的钱是不可能有的，但身在洛杉矶的 Uber 公司自有其先天优势，那就是：离硅谷很近。卡兰尼克的第一次营销尝试就盯准了硅谷的各种科技人员。

2009 年底，一个大型的科技会议在硅谷举办，卡兰尼克当即决定——要免费给参会人员提供接送服务，因为他深知，高科技社群对于新理念的产品具有很高的接受度和好奇心，这无疑是快速扩大 Uber 知名度和提升品牌形象的好机会。

当这些来自各个领域的科技大佬们走进会场之前，他们已经预先看到了 Uber 公司提供接送服务的易拉宝广告，卡兰尼克亲自上阵，笑脸相迎，他不断重复告诉每一个来参会的人，只要下载了 Uber 软件，散会后 5 分钟内，就会有空调大开的私家车接你回到酒店。当然，没完没了的会议发言总会有无聊的时刻，动动手指下个软件并研究一下他们究竟在搞些什么，这是同样致力于科技创业的人们不费吹灰之力就能做到的事情。

这次免费接送的效果确实好大发了，Uber 的名字迅速在整个硅谷口口相传，甚至，随着参会人员的离开，它的名声被带到了更多的城市。会议结束不多久，卡兰尼克办公桌上的电话持续响起来，有感兴趣的投资人，有愿意应聘进入公司的计算机系大学生，当然，更多的还是想要合作推广的其他高科技产品公司。

于是，卡兰尼克的 Uber 有了很多可以去合作的选择，接下来，只剩下在其中挑选合适的了。

除了潜入各种大小型的科技会议，Uber 的早期营销，认准了五花八门的大型活动，哪里人多，就去哪儿：体育赛事、节日庆典……凡是高大上的聚集地，都少不了 Uber 的身影。一方面，大型活动的人群，聚集和疏散的客流很大，另一方面，Uber 可以在短时间内接触到大量目标客户，这简直就是，得来全不费工夫。

2010 年春天，一个人在公司附近吃午餐的卡兰尼克正一边看报纸一边嚼着披萨，临走结账的时候，身边的一个妙龄少女正在向前台问路，负责收银的小哥详细的讲了半天，最后来了一句，“要不，你直接 Uber 一下！”

站在一边的卡兰尼克浑身像是被电打了一般的一激灵，他突然意识到，Uber 在洛杉矶，正在从一个应用的名词变成生活中可以随时使用的动词，“今天，你 Uber 了吗？”还有什么能比这样的对话更能传递对一个新产品的认可呢？

回到公司的卡兰尼克信心爆棚，他必须让 Uber 出现在更多普通人的生活场景中，要做到这一点，就必须通过“事件”来让 Uber 和其他的一些事情建立联系，有了联系便能养成习惯，出现、频繁地出现、反复地出现，然后，让 Uber 成为像牙刷一样在生活场景里必不可少，却又司空见惯的角色。

和“同城快递”相联系是卡兰尼克能想到的最自然的营销模式，出行—交通—送货，还有什么能比这个更顺理成章呢？但，要“送货”就必须送点真正不一样的，甚至是，离经叛道的，能因意想不到而跌破眼镜、止不住大笑。

2011 年 7 月，借助美国国家冰激凌月的东风，Uber 上线了“快递冰淇淋”的服务，这个后来逐渐演变为 UberRush 的冰激凌快递业务也成了 Uber“生活场景营销”中的经典之作。在炎热的夏季，用户可以通过动动手指预约一份冰激凌，不出几分钟，就有 Uber 司机将这份清凉和甜蜜送到你眼前。

冰淇淋卡车司机顺理成章地成了Uber司机的一员，他在路上运送大量的冰激凌，然后，看到了你的订单，顺道给你捎一支过去。冰激凌卡车的运营时间是每天上午11点到下午5点，收到了冰激凌的用户无需支付现金，费用可以直接从他的Uber账户里扣除，人均花费仅仅是3－6美元。

当然，更多的用户并不是为自己预约冰淇淋，而是，给自己心爱的人，或是，一个正在焦头烂额开会的团队——还有什么比突如其来的冰激凌更浪漫和性感呢？在冰激凌融化之前让它进入你的口中，不得不说，卡兰尼克的这一招，充满了童话的色彩。

从那时起，快递冰激凌成就了Uber的经典营销案例，这种带有一丝噱头气息的营销手段带来的市场反响却是卓有成效的，Uber冰激凌日每年有一天，已经覆盖到全球57个国家的252个城市，而在新加坡，Uber的冰激凌业务已经不仅仅局限在汽车派送上，他们甚至用上了无人机——因为东南亚城市的路况非常复杂，为了不让这份冰冻的甜点在路上就化成了糖水，靠近海边和码头区域的用户可以使用Uber app点上一杯将由无人机派送的冰激凌，想想那画面都已经令人醉了，堪比007电影一样的镜头，竟然是可以发生在现实生活中的。

冰激凌的业务给了卡兰尼克很大的启示，他突然意识到，如果Uber能做到在几分钟之内提供一辆车供人们出行，那理论上也可以在几分钟之内提供任何其他的服务。在Uber的帝国里，汽车，最终将只是一个载体，而满足客户的实施需求，提供“按需服务”，才是公司的终极目的，Uber将在现代生活中成为自来水一样的存在，眼下，或许这些带有噱头味道的动作还仅仅是营销方式，但在不远的将来，它们将成为一种无处不在的生活方式。

令卡兰尼克兴奋的另一件事情是，这种“事件营销”自动吸引来了各路记者和媒体的争相报道，大家把快递冰激凌事件当成一座城市里开出的奇花，纷纷投来好奇的目光。就这样，没付一分钱的媒体宣传费用，Uber已经开始频繁亮相在各种报纸、杂志和电视广播中。

冰激凌事件让卡兰尼克脑洞大开，之后，他和整个团队头脑风暴出了更多基于“按需服务”理念之上的事件营销——小超市速递和搬家服务已经不是什么新鲜的了，重要的节日当然少不了Uber的身影，比如，情人节派送鲜花、在国庆假期里用Uber汽车派送外卖烧烤。2013年，Uber推出了从纽约到汉普顿斯的直升机+私家车租赁服务，当然，这种需要 3000 美元高额费用的服务面向的是很小众的高端消费者，而不久前，Uber 甚至在国家猫咪节这天上线了快递猫咪服务……Uber 在不断挑战人们的想象力，早早超出了“载人服务”的简单逻辑，只有大家想不到，而没有他们做不到的。

“我们的希望无处不在”，这是卡兰尼克简单却又野心十足的愿望，“我想 Uber 对应的应当是一个个频繁出现的生活场景，在任何时刻，我想都可以有 Uber 适合扮演的角色”。不得不说，卡兰尼克的野心正在一步步变成现实。

在 Uber 车上面试成为了可能，从最开始载着参加科技会议的硅谷工作人员开始，通过 Uber 进行招聘就成了这一应用软件的附加功能，后来进入 Uber 的很多员工，都是因为乘坐了一次 Uber 专车而知道了这个在当时名不见经传的公司，并最终成了它的一员。

约会？当然的，Uber 给了很多人寻找艳遇甚至是遇到梦中情人的机会，因为同乘一辆车的缘分，使得司机和乘客因为应用而互相知晓了电话号码，这种情形将两个陌生人之间的壁障在短时间内抹去，使他们在人海里急速靠近——因为这个而下载 Uber app 的人，大概也是“隐形营销”中不可忽视的数字。

此外，伴随影响力的逐步扩大，Uber 开始积极承担更多的社会使命，卡兰尼克这回学聪明了许多，他开始懂得，一个产品要走得远，不仅仅在于快速增加用户数量，更在于一个持久而优质的“商誉”，他几乎在每个月的工作例会中都会过问市场部的人员，“我们是不是可以参与一些公益性的活动?”这种主动的公益意识自然让Uber大量的营销中少了一丝商业的气息，多了一份人情的温暖。从2012年开始，Uber与联合国一起致力于合作解决女性就业的问题，帮助很多女士成为了Uber司机，而与No Kid Hungry（不再饥饿的孩子）的合作计划，则致力于进一步消除美国本土儿童的饥饿状况，通过Uber的手机应用平台，向所有使用Uber的人，开放了合作捐助的渠道。

总之，卡兰尼克想尽了一切方法要达到的状况是：借助Uber，让每个人更好地与世界相连，也与其他人相连，这种神奇的联系网是会自己生长和不断扩张的，它逐渐更加致密、更加不可思议。

05 打响公关大战

从2014年－2015年间，卡兰尼克一直在想方设法改善企业形象，建立良好的公共关系，并积极地投入到与地方监管者的谈判中，以便加速实现Uber的合法营运。

2014年8月20日，Uber聘请奥巴马竞选经理普洛夫担任高级副总裁。普洛夫是民主党长期的政治顾问，2008年曾因力推奥巴马当选总统而闻名，此后他一直在白宫担任高级顾问，离职一年后，他加入了Uber。

卡兰尼克称："从本质上说，我们正在改变城市工作方式，相当于建立第三条铁路。我们正在发动一场政治竞选，候选人是Uber，对手是'名叫出租车的混蛋'（大出租车公司）。"为此，Uber一直在积极寻找一位曾参与过政治竞选的高管，负责帮助Uber在传统出租车行业中闯出一条路，而丰富经验的普洛夫无疑是最佳选择。

此前，Uber曾与多位政治人物接触，包括民主党战略家霍华德·沃尔弗森（Howard Wolfson）、奥巴马前新闻发言人杰伊·卡尼（Jay Carney）等。

现为Uber的高级副总裁普洛夫表示：“我们正处于进化的必经之途，Uber正在努力让交通变得更安全，它创造大量工作岗位，降低酒驾危险。我认为，他们的使命非常重要。”

另外，卡兰尼克还成功挖到了全球公关主管雷切尔·惠特斯通（Rachel Whetstone）担任政策与公关业务的高级副总裁。雷切尔在公关界也是大名鼎鼎的人物，此前已经在谷歌担任很长时间的公关主管。

Uber这一职务此前一直由大卫·普罗夫（David Plouffe）担任。据Uber公司透露，随着雷切尔的加入，普罗夫将担任公司兼卡兰尼克的首席顾问，同时还会加入公司董事会。Uber方面称，普罗夫在Uber公司的责任更加重要，更具备战略性的对外重点业务，而不是日常事务。

自从加盟Uber之后，普罗夫一直是一位强有力的战略师，帮助Uber解决了诸多疑难公关问题。尽管Uber近期在努力改变美国一些州和城市的运营规则方面取得了突破性的进展，但是，对Uber而言，还有一段很漫长的路要走。

至于对普罗夫的调整，原因也比较明确。毕竟 Uber 属于一家科技公司，与政治活动仍存在一些差别。另外，Uber 似乎更需要一位处理全球公关事务方面经验丰富的人士，普罗夫无疑在这方面更胜一筹，毕竟 Uber 在全球业务拓展过程中面临着诸多问题，例如乘客安全、司机问题和其它更多的问题。

加入 Uber 之后，雷切尔肯定会面临挑战。众所周知，Uber 的公关记录有好的，也有不好的。树立 Uber 良好的公关形象，是雷切尔的首要任务。

如今，随着 Uber 使用大规模融资所得资金来拓展全球业务，Uber 在全球业务中也将面临更多更复杂的调整。Uber 内部人员称："目前 Uber 正在加快融资进程，考虑于 2016 年上市。"到目前为止，外界对 Uber 的估值已经达到 500 亿美元。

Chapter 6
人民优步在中国

“我们要办一个真正的中国公司，找到中国投资者。如果你不是来自中国，你在这个市场必须保持谦虚。”

对于Uber而言，进军中国市场无疑是其国际化征程中最为重要的一步，而想要在中国这个巨大的市场站稳脚跟，就必须要和有影响力的中国本土企业合作，实现本土化，做到真正的“入乡随俗”。卡兰尼克表示：“与全球领先科技企业百度达成战略合作，可让Uber与用户、司机的合作更加紧密；除了百度，没有任何一家公司能够真正帮到Uber。”

01　万里情书会彦宏

2014 年冬天，北京的冬夜一如既往地寒冷，北风瑟瑟地吹着，街道上行人匆匆，天空飘起小雪，路上还滞留了大批行人，每个人都朝驶过来的出租车招手，但遗憾的是，里面早已经有人，这样寒冷的雪夜，打车难已经是一个常见的问题了。一些前卫的年轻人选择掏出手机，打开手机应用程序，一键点击按钮，等待着专车接他们回家。

就在这样一个寒冷的季节，在城市的另一端，上演了令人热血沸腾的一幕。

两位经历颇为相似的创业奇才，在位于北京西二旗的百度大厦里，签署了战略合作及投资协议，双方宣布正式达成全球范围内的战略合作伙伴关系。将在技术创新、开拓国际化市场、拓展中国 O2O 服务三个主要方面展开深度合作。

这两位奇才，一位是美国商业新秀，Uber 创始人卡兰尼克，另一位则是中国搜索巨头，百度创始人李彦宏。

他们，都曾经在美国硅谷战斗，从小就痴迷于计算机，十足的 IT 狂人，更有意思的是，这两位鬼才，都对“搜索”情有独钟。

在 Uber 与百度签订合作的发布会现场，卡兰尼克与李彦宏表现得默契十足，他们身高相仿，更巧的是，他们穿了同样的圆领毛衣、同样的西式衬衫……甚至卡兰尼克的很多动作都跟李彦宏神似……卡兰尼克也曾多次公开表示，自己非常欣赏李彦宏。

虽然这是一场商业发布会，但是却有一种温暖人心的感觉，现场嘉宾不禁感叹，难道他俩是失散多年的兄弟吗？

其实，两人的第一次“亲密接触”，源于一封卡兰尼克从硅谷发给李彦宏的“情书”。

2014 年夏天的一个傍晚，卡兰尼克接到了助手打来的电话，得知 Uber 市值预估被评级机构再次调高，他嘴角上扬，难掩心中的喜悦。挂了电话后，卡兰尼克淡定地放下了手中的威士忌，继续翻阅下周的行程安排。

当看到一幅中国地图时，他的目光停止了。

这时，在卡兰尼克的脑海中闪现了一个人的身影——李彦宏。

思考了几分钟后，他决定给远在中国的李彦宏写一封 Email，表达 Uber 渴望扩大国际市场，尤其是扩大中国市场的意愿。他还明确表示希望能前往中国，亲自到百度公司去看一看。

然而，令卡兰尼克意外的是，李彦宏很快便回复了 Email，此时的李彦宏正准备动身前往美国进行商务考察。

于是，这次邀约最终的结果，是李彦宏首先到 Uber 位于美国旧金山的总部进行参观。

两位创业巨头在这样看似阴差阳错，又无比巧合的情况下会面了，他们一见如故，相谈甚欢。

卡兰尼克向李彦宏介绍了 Uber 目前的发展状况以及开拓国际市场的远景，他激情四射，手舞足蹈，诙谐幽默，就像考试得了一百分的孩子那样兴奋。

李彦宏也被他的激情所感染，他觉得，和这样有激情又肯干的人合作一定能开拓一番新天地。就这样，这两位创业巨头迅速达成了合作。

与 Uber 亲密接触后，李彦宏坦言："也就是在那个时候，我更加理解为什么美国互联网产业，近几年来出现唯一的现象级公司是 Uber。"他认为 Uber 已经颠覆了传统商业模式和人们的传统观念，对美国的传统产业产生了革命性的影响。

对于 Uber 而言，进军中国市场无疑是其国际化征程中最为重要的一步，而想要在中国这个巨大的市场站稳脚跟，就必须要和有影响力的中国本土企业合作，实现本土化，做到真正的“入乡随俗”。卡兰尼克表示：“与全球领先科技企业百度达成战略合作，可让 Uber 与用户、司机的合作更加紧密；除了百度，没有任何一家公司能够真正帮到 Uber。”

在过去几年间，百度不断在搜索引擎、智能设备、深度学习等诸多领域投入巨大的精力和资金，被华尔街认为是最具未来价值的中国互联网巨头。

然而，百度的发展不会仅仅局限于中国市场，也并不满足于在国内的互联网领域称霸。“对百度来说，我们有自己的野心。希望不仅在中国，而且在全球的很多国家和市场中，都能有很好的发展；不仅是传统搜索的发展，也更希望能在连接人和服务方面得到更好的发展。”李彦宏的这番话透露出了百度下一步的战略目标——国际市场，这就与 Uber 的发展方向不谋而合。

近年来，百度一直在加快国际化的步伐，在东南亚、中东、北非和拉丁美洲等地区相继开展业务；而 Uber 从成立至今，已在 58 个国家和地区开展了业务，发展势头迅猛。

众所周知，很多外企在中国向来水土不服，要想真正占领中国市场，“本土化”是最佳的策略；而国内企业想要走出国门，到更广阔的天地中去闯一闯，也需要有一支同盟军。

Uber 一直强调其战略核心是“满足客户需求，追求至上服务”，而百度的战略核心则是“联结人和服务”，两者惺惺相惜，如同卡兰尼克与李彦宏的关系一样，相见恨晚。

相信百度与 Uber，中美两大创业巨头的联姻，将开启一片新的天地。

02 激昂宣战

Uber 帝国的版图不断扩大，而地大物博，人口众多的中国，则成了 Uber 的重要战略地。

Uber 在中国的故事，要从 2013 年说起。

2013 年 8 月，Uber 中文网站悄然上线，宣布正式在华试运营，试点城市选定为时尚之都上海。与美国本土 Uber 的运营方式不同的是，在上海推出的产品是“Uber Black”，即商务高端服务，其对应车型是宝马、奔驰、奥迪等商务用车。正如 Uber 的亚洲区总经理 Allen Penn 所说，“Uber 的优势就在于简单，以及创造神奇。假设你正在等车来接，然后一辆豪华轿车很快就到了你门口，我们不断地给人们带来惊喜。”

2014 年 6 月，Uber 开始拓展业务，在深圳、广州、北京三个城市开始试水，北京也是 Uber 在中国运营的第四个城市和全球战略部署的第 100 个城市。

为了能够在中国市场迅速站稳脚跟，贴近大众，2014 年 8 月，Uber 为中国老百姓们量身定制了最接地气的本土化服务——人民优步。“低价便捷，以人为本，服务大众”便成为了 Uber 的核心竞争力。只要你年满 18 岁，生活在 Uber 开通了业务的城市，你的车价值 10 万元以上，挂着这个城市的牌照，基本就能当上 Uber 的司机。类似于美国的 UberPool，“人民优步”借助 Uber 的技术平台，将认证的私家车进行统一管理，提供最多 4 人的拼车服务，而起步价格甚至低于普通出租车的起步价，同时支持平摊车费。据我们了解，尽管同为拼车服务，但“人民优步”为非营利性的服务——Uber 不会抽取提成，而是将提成全部返还给司机。而在实际使用中，即便没有人顺路，用户也能享受到“人民优步”的低价。

随着在中国市场的不断发展，卡兰尼克心中的小宇宙不断积聚能量，等待着爆发的那一天。

如今，Uber 已在中国大陆的 14 个城市开展业务，包括北京、上海、广州、深圳、成都、杭州、武汉、重庆、天津等地。此外，在北京试点的非盈利拼车服务“人民优步”也如火如荼的发展着，并拓展到更多的二、三线城市。

卡兰尼克表示："我们在北京的业绩成长比全球任何城市都要快，原因是Uber概念与本地手机打车软件完全不同。大家可以想象一下，如果你去各个城市可以吃的只有麦当劳，突然有人进入这个市场说我可以提供这类餐厅中更好的选择，你会如何做？所以说，Uber进入中国市场，给大家提供的是更多的选择，这也是为什么我们能够在北京增长这么快的原因。"

根据"野心家"卡兰尼克的规划，预计2015年底，Uber的中国业务将扩至40个城市，到2016年底扩至100个城市，每天将有100万司机被用户预约。卡兰尼克曾在一封Email中这样写道："在Uber业务量最大的10个城市中，有4个在中国，这让中国成为Uber在美国之外最大的市场。"

毫无疑问，中国市场关乎Uber在全球的发展成绩，也势必是这家公司最为重视的一个海外市场。

Uber在中国的发展，如同火箭般迅速。令人颇感意外的是，和其他外资互联网公司不同，Uber并不惧怕中国本土公司的价格战。过去两年里，在打车软件市场，滴滴和快的已经通过合并拿下了超过90%的市场份额。而在拼车、专车和代驾市场，竞争才刚刚开始。在可怕的价格战中，Uber的补贴力度最大，在圈内被称为"野蛮人”。

相较于早早就进入中国市场的 eBay、Amazon 等美国同胞而言，“水土不服”的中国式魔咒似乎对 Uber 这个“坏孩子”失去了法力。

然而，故事的发展并没能像卡兰尼克所设想的那样顺利。

2015 年 4 月 30 日，广州市工商局、交委、公安对 Uber 广州分公司进行了检查，现场查扣了上千台 iPhone 手机。“没有工商登记手续”“组织不具备运营资质的私人车辆从事经营活动”正是 Uber 广州办公室被调查的起因，而与之直接相关的正是 Uber 平台上人民优步的司机。6 天之后，Uber 成都办事处以同样的原因被成都市交委、工商局和公安联合查办。

然而中国并不是 Uber 受挫的第一个国家，接二连三的问题不断产生，但是这些并没有使卡兰尼克感到焦头烂额，他反而越发感到兴奋，他就是这样越挫越勇，他决定英勇奋战一番！

卡兰尼克曾说过：“如果抵制你的人所坚持的主张是你所尊敬的，那么你就不要和他对抗。如果抵抗的核心目的在于保护既得利益者，在于为市民出行提供更烂的服务和更少的选择，那也没什么好谈的了。”

在广州查封事件后，许多相关人士对 Uber 的经营模式中产生的问题表示了质疑和批评，司机、乘客都乱了阵脚，人心惶惶，原以为 Uber 会学乖，学着低调，结果 Uber 总部仍然一副淡定从容的态度，指挥着 Uber 继续进行战斗。

Uber 随即在广州推出了“城市英雄”宣传活动，可以用 Uber 免费乘车，外加各种降价促销，让人跌破眼镜的是，促销密码居然就是“检查”。如此大胆出格的活动，也只有鬼才卡兰尼克能想到。他表示：“在核心原则上达成共识是妥协的前提。如果没有这个前提，你就必须展开我所谓的‘原则性对抗’，所以，我们所做的事情势必会激怒某些人。”

Uber 的傲娇，只有懂卡兰尼克的人才会懂。

03　申请成为中国公民

庞大的中国市场，不断吸引着外资企业的入驻，面对这块甜美的大蛋糕，谁都想分一块。而外企“本土化”一直是讨论的热点，那么问题来了，怎样才算是最成功的localization呢？

Local！

目前，Uber在中国并没有中国区总裁，而是由亚太区负责人进行管理，在每个城市组建Uber团队。

有意思的是，每个团队的成员大部分都是当地人，让人不禁怀疑，这哪是外企？这里没有白人，连ABC都少得可怜。

每当卡兰尼克与中国团队成员意见不统一的时候，他总会说：“我从来没去过中国，你们肯定比我更懂得中国的国情，我听你们的。”他将决策自主权给了每个城市的Uber团队，并且完全信任他们，最大限度的做到“本土化”

面对如此庞大的市场，一直不屑于与政府合作的卡兰尼克，这次也转变了想法，主动放低姿态。

政府为什么会关注专车呢？核心问题就是担心专车的安全性。如果 Uber 与中国地方政府合作，去探索一个更规范的运营方式，一起解决目前存在的安全问题，既能给城市带来积极的影响，又能为 Uber 在中国的发展扫清障碍，岂不是皆大欢喜。

想到这，卡兰尼克又露出了标志性的笑容，与政府合作又未尝不可？

除此之外，卡兰尼克还有一个更加出乎意料的计划，那就是在中国创立一间完全的中国公司，并由本土员工、本土合作伙伴和本土投资人组建和支持。

这也许会是 Uber 在全球唯一一次这样做，因为中国和世界其他地方太不一样了。这个神秘而又古老的东方国度，以其独特的魅力、悠久的历史，孕育了一代又一代勤劳的人民。

做好决定后，卡兰尼克立即召集公司管理层开了紧急会议，他说："我们要办一个真正的中国公司，找到中国投资者。就像我们在各地，有出身中国的总经理一样，我们也应该要有中国股东。"

“新科技在中国的传播速度非常快，快过世界上的其他任何地方，包括美国。我们通过中国的社交工具，推出任何创新的科技产品，只要做得好，就能够在全国甚至全世界广泛流传，当任何创新发生在中国时，都更令人兴奋。”

卡兰尼克激情蓬勃地陈述着自己的观点，试图说服在场的每一个人，告诉他们，中国，才是 Uber 最重要的市场。

2015 年 5 月 25 日，国际大数据产业博览会在位于中国西南部的贵州省省会贵阳召开。卡兰尼克应主办方的邀请，出席了此次会议。

除了参加会议外，卡兰尼克此行真正的目的，是要学习如何与中国地方政府成为合作伙伴，并为中国的城市带来高科技的服务，同时，也让地方政府更多的了解 Uber，最终得到地方政府的支持。

“在全球范围内，中国领导层最为关注的问题是城市的发展，因此，中国的城市也比世界上任何地方都充满活力。我对 Uber 在中国开展业务保持特别乐观的态度。同时，我也希望与中国政府和中国企业有同样价值观，更希望能与有实力的企业展开深度合作。”

会上，卡兰尼克那激情洋溢且充满豪情的演讲，赢得了现场嘉宾雷鸣般的掌声。

半年来，卡兰尼克几乎有超过 50 天的时间都在中国，有朋友甚至调侃地说："干脆申请成为中国公民吧！"每每这时，卡兰尼克都浅浅一笑，在心里说道："中国，我来了。"

经过不间断地商务考察、论证，Uber 总公司做出了最终的决定——为中国业务设立单独的实体公司、管理机构，以及单独的总部，并找到中国的投资者来担任股东。

Chapter 7
Uber的世界你不懂

"Uber，世界因你而前进。"

尽管创立仅仅数年，但 Uber 在很多国家已经不是什么新鲜事物了，甚至还在一些地区一次次刷新着营销记录：

最新的市场估值已经达到 400 亿美元，成为打车市场的领头羊；而业务服务版图已经拓展至全球 58 个国家、近 300 个城市——当然这一数据正在日益增加；全球从业人员也日益增加，如果按照现阶段全球范围内每月创造 5 万多就业机会的话，一年核算下来则是 60 万，这一数字不能不说是骄人的。

01　从 2 到 12

在卡兰尼克看来，一个创业者，一个企业的领导者，可能有时候像一只独狼。其实，对于一个企业、一个团队来说，领导者更多时候扮演的一只“狼王”的角色。在 Uber 里，总裁卡兰尼克就是这样的角色。

Uber 在 2009 年创立，从 2 人一拍脑门的创意点子，到如今手握 400 亿融资的世界焦点企业，Uber 走过了 6 个年头。尽管在成长中有着上述这样和那样的问题以及来自全球各国政府和行业各种抗议和处罚的中伤，Uber 还是坚强地走了过来。这背后的艰辛努力离不开前期创业者的坚持，更离不开发展过程中团队的协作与智慧，他们一起，开疆扩土，计划着一番大事业。

如今的 uber 核心团队有 12 人，他们分别是：特拉维斯·卡兰尼克（Travis Kalanick）、莱恩·格拉维斯（Ryan Graves）、康拉德·

惠兰（Conrad Whelan）、奥斯汀·盖特（Austin Geidt）、瑞秋·霍特（Rachel Holt）、奥斯卡·萨拉查（Oscar Salazar）、加勒特·坎普（Garrett Camp）、柯蒂斯·钱伯斯（Curtis Chambers）、约旦·博内特（Jordan Bonnet）、多明尼克·纳尔杜奇（Domenic Narducci）、瑞安·麦克基伦（Ryan McKillen）、斯科特·马罗（Scott Munro）。组建起这支团队，Uber 用了不到 2 年时间。其中，以卡兰尼克为首，他们无不为 Uber 的发展做出了各自努力与贡献：

特拉维斯·卡兰尼克（Travis Kalanick）总裁

朋友眼中的特拉维斯·卡兰尼克有点傲慢，还爱通过演讲、视频和网络发表尖酸刻薄的言论，但是这一缺点并不影响人们对于他“大胆、有魄力”的欣赏。他的大胆，不仅对于出租车行业和竞争对手，他敢于直言相对，就是对于全球监管机构，乃至客户，他也毫无畏惧。因此，面对难题和困境，面对处罚和打压，卡兰尼克似乎都不以为意。他认为，每一个问题都有解决方法，你只需要足够的创造力。

或许他这种性格与他早年的经历多少有点关系。

18 岁创办的第一家公司“新道路学校”没起色，20 多岁辍学后，与好友创办的 Scour. com 曾有 25 万用户在线分享电影和音乐；

但2年后，因侵权问题申请了破产保护。但卡兰尼克并没有因此而受到打击，直到出现了Uber；Uber，也因此带着卡兰尼克的基因。

卡兰尼克的遭遇可能是所有已经成为或正在通往成功路上的人们都曾经历过的。这些所谓的困境和窘迫，困难更是具有相当教育意义的课程。不同的是，卡兰尼克勇于正面困难，敢于回击——清高傲慢的他认为，旧的法规已经跟不上时代发展，也不能有效地解决人们当前的出行问题，Uber则是近阶段解决这一问题的好手段。

莱恩·格拉维斯（Ryan Graves），Uber全球运营总监

莱恩·格拉维斯是一个积极的问题解决者和战略家。在进入Uber之前，他曾在通用电气公司和CNA保险带领企业资源规划和企业重组。谈到来Uber的过程，他用“有意思”来形容。那一篇卡兰尼克经由网络发表的文章，让始终想进入创业圈的格拉维斯动了心。他们在网络上建立联系，相见恨晚。

格拉维斯于2010年2月搬到旧金山，并迅速投入工作。

他对进入Uber时所做的最重要的事是这样描述的：Uber联合创始人加勒特·坎普开发的一个原型产品运行得不是很好。因此他们首先做的，就是在进入苹果应用商店前，找家公司重新构造。随后设计了UberCab.com网站。除此之外，他们同时还完善了注册流程和集成信用卡支付系统。为了能够改造和打造出更好的产品，Uber 主创人员不停地约司机在咖啡店见面，问他们问题、向他们咨询，将司机们所需的最基础的商务框架都构建出来，以了解现实世界能否接受他们的理念。在莱恩·格拉维斯的努力下，Uber 的运营团队迅速扩展到了 3000 人。

康拉德·惠兰（Conrad Whelan），Uber 首位工程师

“世界那么大，我想去看看”一度成为网络热语。而这句话出现之前，康拉德则是个不折不扣的践行者。

2010 年之前，康拉德和大部分 IT 领域工作者一样，享受稳定收入，在熟悉的领域做得游刃有余。2010 年 1 月，康拉德进行了一次横穿欧洲自驾旅行。穿越西班牙和葡萄牙后，他忽然意识到，外面的世界原来这么大，而他必须走出卡尔加里。但当时他并不想再去另一家创业公司。“有一天，我顺手给 Uber 的联合创始人加勒特·坎普打了个电话，想知道他最近过得怎么样。当他发现我正好闲着，并准备搬家时，向我下达了录用通知，邀请我到旧金山帮他一起启动 Uber。我刚加盟公司时，那款产品还没法接受注册，只是预约车辆的一种途径而已。所以我构建了一个需要信用卡、能够生成用户账号的注册流程。等这些做完，我们就能正式发布产品了。”康拉德说，当时是 2010 年的 6 月 1 日，他加盟 Uber 正好两个月。

他做的下一件事是优化 Uber 的调度算法，以避免司机错过一次车辆分派任务。这个过程大概持续了 3 年左右，虽然耗时长、困难大，但绝对是件值得骄傲的事。当时，康拉德研究消化了一大批计算机科学、编程和数据库的书，还在最短的时间内撰写西班牙语代码。

奥斯汀·盖特（Austin Geidt），全球业务拓展及流程优化负责人

Uber 的宣传首页上有这么一条：到 2020 年为止，为女性创造 100 万个工作机会——这句话和对消费者、司机的宣传标语放在同等重要的位置。

在这支团队中，奥斯汀·盖特是作为实习生加入 Uber 的女性合伙人。

当时她刚毕业，处于找工作阶段。一天，她在 Twitter 上看到了关于 Uber 的推文，觉得很有意思。知道他们在招实习生，于是找到当时正担任 Uber 的 CEO 莱恩·格拉维斯，要求“你必须给我一次机会”。

或许 Uber 就喜欢这样单刀直入且大胆的年轻人。莱恩·格拉维斯很快给盖特打来电话，并邀请她访问 Uber。盖特说，她当天打扮得非常正式，他们却一副书呆子的样子。不过她看到了他们对事业的激情，也看到了有意思的产品。她成功成为一名实习生，并渐渐成为一名骨干。

起初，作为实习生，她的工作不是很固定。她曾在莫斯康会展中心发传单，也给 Yelp 上的很多司机做过电话推销。“这是我能够做出的贡献。刚出校门时，我一度觉得自己写不出一封得体的邮件。然后很快意识到大家都是写到哪算哪。在一家创业公司里，没人知道他们自己在干什么。自从我对这一点产生信心后，工作很快就上手了。”盖特说，当 Uber 开始得到用户的支持时，她就开始想要做所有的支持工作。于是，她承担了博客社区管理方面的工作和许多琐碎的事务。“每次在一个城市做推广时，我都把做的每件事记下来，那是我们最初的剧本。后来再到一个城市，我都会修改剧本，使推广工作变得更高效。”

瑞秋·霍特（Rachel Holt），东岸地区总监

这是 Uber 众多技术出众的 IT 男团队中，又一位出色女性。

瑞秋·霍特是在 2011 年 11 月 8 日到华盛顿的。11 月 18 日，她们做成了第一单。在这 10 天里，我们差不多把所有事情都抛在脑后了，“最初，只有我和另一个团队在做推广，他们大概在我开始工作的两周后加入。我当时觉得有一种盲人骑瞎马的感觉。”她回忆说。

华盛顿是她们碰到监管挑战的第一个市场。

Uber 在 2011 年的 12 月 15 日正式发布产品，还不到一个月，Uber 在华盛顿就已经火爆了。从一家企业的观点看，当时的 Uber 已经做得很好了，整个团队每天都忙得团团转。但当她刚回到华盛顿，Twitter 上就冒出了出租车管理部门宣布 Uber 在华盛顿为非法的消息。有一名出租车管理部门的官员在没有引用任何法规的情况下，断言 Uber 是非法的。

Uber 想方设法地去解决这个问题。后来，那位出租车管理官员要求试乘一下，结果他让车子停在五月花酒店，然后召集媒体，扣留了司机的车子，并且开了 2000 美元的罚款票据。然后事情并没有就此解决。于是，霍特挨个打电话给合作伙伴，告诉每一个司机，我们会原价赔偿罚单或是传票，为他们吃了一颗定心丸。当晚，Uber 上路的司机比发生这件事以前还要多。

一个人的力量微不足道，十个人的力量也太过弱小，但千百万汇聚于一起所形成的集体的力量就足以改变一切。

除上述5位之外，在Uber还有另外7位充满热情的关键性人物，分别是：确立了Uber雏形的Oscar Salazar，创意顾问兼联合创始人加勒特·坎普（Garrett Camp），开发总监柯蒂斯·钱伯斯（Curtis Chambers），工程师 约旦·博内特（Jordan Bonnet）、多明尼克·纳尔杜奇（Domenic Narducci）、瑞安·麦克基伦（Ryan McKillen）和负责实时平台技术的斯科特·马罗（Scott Munro）。他们是平凡人，从实习生到工程师，无不都是生活中最平常的职业；但他们却又都不普通。他们中，有的天马行空，创意源源不断；有的擅长于组织规划和管理；有的则干练务实，专注于执行……他们各有所长、各司其职，各负其责，他们以各自的行动力给同伴以强力支持，共同推动着Uber的发展。

而Uber也似乎有着无尽的吸引力，海纳百川。Uber的成功并不在于它采用了什么天才的商业模式以及高大上的运营团队，而在于它汇聚并发掘了普通人的智慧与力量，将那些对生活充满热情的普通人集合到一起，汲取全球58个国家和地区的专车车主和选择、享受Uber服务的乘客的意见与智慧，做一件别人都没做过、也没有现成经验可供参考和借鉴的新兴事物，将Uber打造成一个温情的、激情的、热情的服务平台，这样的贴心，成功似乎成为一种必然。

02 全球阻击战

一个新事物的出现已经在其发展的进程中，多少存在着不尽如人意的地方。比如之前甚嚣尘上的“黑车事件”“强奸事件”就一度使 Uber 成为全球热门话题以及不少公众攻击的对象，在其进驻的一些国家的地方政府以及地方出租车行业受到不同程度的施压、抗议和抵制。不过，这也从另外一方面表明，Uber 已经对部分传统行业和传统思维产生了一定的市场冲击力，甚至对一些既得利益造成了威胁。

但卡兰尼克却并不退缩，相反，这似乎对他来说并不是困难，更谈不上挫折，反而在一定程度激发了他和整个团队应变的灵感与斗志，用一次次集体的智慧，抵抗着恶性事件的影响，谋求着在全球范围从其反对者对 Uber 的打压甚至封杀中全面突围。这一点，从 Uber 在一些国家出现“XX 事件”后的应对方式中可见一斑。

美国

Uber 的总部在旧金山。但在美国不少地方，Uber 始终不被看好，搞不好就会与政府机构和出租车行业“对簿公堂”。加州、弗吉尼亚州、内华达州等，都曾起诉过 Uber。有些州甚至筹划拟定明文法案，企图打压和限制 Uber 的“嚣张气焰”。即使在 Uber 的“起源地”旧金山，Uber 的出现也可以说是“营养不良”。

2011 年 5 月，以旧金山美交管局为首的各地政府机构对 Uber“大开杀戒”，其叫车服务被大量美国城市叫停。2012 年秋天，加州的监管机构对 Uber 等公司加以罚款；2014 年 9 月，加州州长通过了“第 2293 号议会法案”，该法案规定任何司机必须联网注册，并且强制投保，对每一起伤亡事故的保险金为 5 万至 10 万美元。此法案于 7 月 1 日开始执行，违反即以犯罪处理。这无疑使 Uber 的司机的上岗难度变得更高。

在这些起诉案件中，Uber 受控的罪名很多，但归根结底却不外乎无照经营、与当地交管规定不符等——这些罪名看着冠冕堂皇，但外界也有人认为，这多少有着“莫须有“的嫌疑。

近来，又有反对者对 Uber 提出了控诉“有力”的新砝码，指控其侵犯隐私。其中，宾夕法尼亚州法院还传唤了卡兰尼克，指控

Uber 利用软件非法跟踪 Uber 用户，违规运营。他们对 Uber 提高了对其的处罚力度，一次性罚款金额翻番，即从原先的 95000 美元提高到 1900 万美元（包括每天 1000 美元的日常罚款）。

加拿大

在美国的近邻加拿大，伴随发展脚步较快的 Uber 业务的同样也是一片质疑声和反对声。曾经有这样一则故事：一位 Uber 司机在车抛锚后，却不敢叫 Uber 服务，而是叫了普通的出租车，原因是 Uber 的价格高、服务差、保障差。Uber 自身司机尚且如此，外界质疑也此起彼伏，很多人并不认可：多伦多的官员以 25 项交通罪起诉了 Uber；温哥华市议会也通过一项议案，可以取缔为了开 Uber 而考取的只有六个月的临时驾照；曼尼托巴省的市政部长公开宣称，任何在本省无出租车牌照的 Uber 司机都会被指控为犯罪，或面临 1000 加元的罚款；蒙特利尔的市长也明确宣布 Uber 是非法的。

英国

伦敦有着世界上最贵的出租车系统，“黑色出租车”哈克尼运输。而 Uber 的出现，神奇地压制住了它的“黑色气焰”。因此，

2014年6月11日，“黑色出租车”公司认为是Uber导致了伦敦的交通拥堵，要求有关部门对Uber进行进一步监管。他们还怀疑Uber的计价器“动过手脚”，甚至不惜雇佣侦探搜集证据力证Uber的违规。同时，针对Uber的抗议与出租车罢工时有发生，伦敦市民的出行备受影响。

但伦敦市长表示，在走完司法程序之前，制裁Uber存在一定困难。

法国

Uber在法国严重“水土不服”，也就产生了Uber与政府机构和行业间的“博弈”。

在法国，有法规明确限制Uber的“疆土扩张”，在一定程度上是最痛恨Uber的国家。Uber为了应对法国法规，专门推出Uber pop；但Uber pop在上线不久，就遭到了当地消费者事务和产品质量安全局的禁止——因为后者认为Uber挂羊头卖狗肉，打着“拼车”的旗号，做出租车的买卖。随后，新法规出台，禁止Uber在APP上显示非传统出租车位置；一个月后，当地法院又以欺诈罪处以Uber10万欧元的罚款；年末，法院规定Uber不能对公众进行宣传，否则会被处以每天25000欧元的罚款；紧接着的元旦，法国政府叫停了 Uber pop……层层重压下，出于防守，Uber 次月在巴黎推出了新版本——Uber pool。

比利时

布鲁塞尔城规及交通管理局曾以“非法”为由，扣押了 13 辆和 Uber 签约的车，并对 Uber 开出 10000 欧元的罚单。不过，由于布鲁塞尔自身法规繁杂且不完善，Uber 至今并未正式受到实际处罚。所以说，Uber 在比利时的日子相对在其他国家还是比较“滋润”的。

德国

尽管德国出租车协会起诉 Uber 败诉，德国政府当局也撤销了对 Uber 的临时禁令，但法兰克福地方法院还是在 7 个月的反复审议后，下达在全国范围内禁止 Uber 和 Uber pop 服务，及每件违反此法的案件将受 25000 欧元高额罚款的决议。

不过，幸运的是，在此判决后，Uber 总部的员工并没有受到过重的处罚，而且，持有合法证件司机的 Uber Black 和 Uber Taxi 并不在上述禁令之内。

荷兰

2014 年 12 月 8 日，海牙工商上诉法庭责令 Uber pop 停止在阿姆斯特丹、海牙和鹿特丹的服务。不过，Uber 方面并不以为意。或许 10 万欧元的处罚对于饱受争议和处处“受罚”的 Uber 来说，似乎算不上大数目，所以 Uber 并没受太大影响，继续运营。而荷兰的 Uber 司机们也“冒天下之大不韪”，顶着 4 万欧元罚款的风险继续拉活。

日本

日本以细致和严苛著称，日本的法规是很好的体现。卡兰尼克用“拜占庭式的”来形容日本相关法律的复杂。为了应对它，Uber 不得不以“旅行社”的名义在日本注册，并与真实的旅行社一起办公。显然，这种不得已而为之的举动在推行中困难重重。

因此，在日本，尽管 Uber 暂时并没有受到非法指控，但各种打车 APP 早已相继问世，挤占着 Uber 的生存空间。

韩国

韩国对 Uber 的存在也不温和。首尔市政府从 2014 年 4 月就开始想方设法叫停 Uber，并对每一例无证上岗的 Uber 司机开出 100 万韩元的罚款。但由于证据不足，直到今年 3 月才以“个人或公司无交通许可运营”的理由起诉 Uber。因此带来的影响是，UberX 已在韩国被全面禁止，只有 Uber Black 还在坚持运营。

中国台湾

有则消息称，台湾交通部门认为 Uber 涉嫌“违法”经营打的服务，存在调查、封杀这家美国公司的网站和移动应用的可能性。

在台湾，Uber 受到非法运营、计量收费不明确、计价不受监管等多项指控。同时，台北的出租车司机举行抗议游行，Uber 也被迫从手机软件商店内下架。

俄罗斯

俄罗斯的相关交通法律相对其他国家比较简单和宽容，虽然没有监管压力，但 Uber 同样面对巨大的市场压力。这是因为莫斯科的无牌照出租车问题由来已久，而在 Uber 进驻之前，这里就已经有好多类似的 APP 服务在这里扎根。同一块蛋糕，Uber 的竞争压力可想而知。

泰国

泰国交管部门认为，Uber 在泰国并没有合法注册，其名下司机也没有相应许可，Uber 司机一旦被查出非法经营，可能就会面临罚款。不过，Uber 在泰国还有来自舆论的压力：有些泰国人认为 Uber 有歧视情况出现，对于那些没有信用卡、无法支付 Uber 车费的人来说不公平。

印度

印度 Uber 性侵案一度将 Uber 推向全球舆论的风口浪尖。

在印度这一性侵案件高发的国家，Uber 的出现似乎也逃不出这类案件牵涉的宿命。2014 年 12 月，一名女乘客在新德里遭 Uber 司机强奸。随后，犯罪嫌疑人被抓捕，在审讯过程中，有近 7000 名印度人联名请愿，要求 Uber 强制性对其名下司机进行从业背景调查，时间期限为最近 7 年。

虽然如此，Uber 似乎选择了不动声色，可能是他们觉得此举有悖于 Uber 的商业计划，也有碍他们的疆土扩张。因此他们并没有受太大影响，继续在孟买等城市运营。

从 Uber 在上述十余个国家的生存状态来看，其打车服务虽然算不上“人人喊打”的地步，但还是能看出 Uber 在全世界似乎都不太受欢迎。卡兰尼克却从不积极的现状力看出了积极的一面。他说：“Uber 是一个与众不同的东西，没有什么可以借鉴。我们因为与众不同，所以可以独领风骚。”

硬币有两面，这可能是 Uber 生存不得不面临的发展难题。可能，Uber 的存在也有着“木秀于林，风必摧之”的宿命。

03 Uber奇葩营销案例大盘点

一个企业的发展与壮大，如何能够有效且高效地为大众熟知、接受、使用，是每个企业除了研发产品外，需要考虑的又一重要课题，这也就考量着一个团队的营销策略与其营销手段。

Uber自诞生之日起就处于舆论的风口浪尖上。一方面，遭受全球各地的出租车司机抗议和世界各国政府的政策打压，一方面，与同行业竞争者之间的战争日渐焦灼。然而，这一切都阻挡不了Uber以势不可挡之势向其他城市扩张它的领土。与其他专车软件相比，令Uber声名大噪的不仅仅是它低廉的价格，更是它用层出不穷的营销手段一次次吸引了人们的眼球。

Uber有着上述平凡却不普通的团队，他们能够为Uber带来怎样的营销策划呢？

有人说，Uber擅长“跨界营销”，因此在全世界范围内制造了各种奇葩新奇的营销案例。这些案例果真如传说中那样的奇葩吗？我们不妨通过之前曾经出现的一些逸闻趣事来简单盘点下 Uber 的营销案例。至于是否奇葩，便是见山见水了。

美国：拆包有惊喜，把投资人快递给你

2014 年 4 月，HBO 情景喜剧《硅谷》的热播。Uber 便搞了一个主题为“给你 7 分钟，Uber 会把投资人快递到你面前”的营销活动，利用热点话题造势。

这样的营销无可厚非，为什么会有人说“奇葩”呢？

这个营销方案是：4 月 9 日上午 11 点到下午 3 点期间，Uber 在硅谷 3 个核心城市提供这样一项服务，即当你叫的 Uber 专车到来时，会有一个 Google Ventures（谷歌创投）的投资人坐在车里等你，对方会给你 7 分钟的阐述时间，然后再花 7 分钟给你提供反馈意见。之后，Uber 还会把你免费送回家。

当然啦，这样的营销手段也是有背景原因的。2013 年，谷歌创投在 Uber 身上投资了 2.58 亿美元。因着这层“血缘关系”，谷歌创投的几位合伙人才会出面，帮 Uber 进行市场推广和宣传。

澳大利亚：萌萌喵星人送上门

虽然 Uber“送猫咪上门”的营销活动已经在美国一些城市策划

过了，但该营销活动现身澳大利亚后，还是在当地掀起了一股热潮。

活动方案大事为：2015 年 2 月 5 日中午 12 时至下午 4 时，Uber 在澳大利亚悉尼、墨尔本、珀斯等多个城市策划了一场猫咪秀活动。Uber 用户只要打开 Uber 应用，并点击选择 Kittens（小猫），过不了多久就会有司机把小猫送上门，用户便可以有十五分钟的时间和猫咪"亲密接触"，尽情和猫咪玩耍嬉闹。

这个活动虽然是 Uber 的营销手段，但其背后其实却有着深远的意义——在 Uber 所到之处，公司会和当地的动物收容协会一起策划活动，而所得车费都会捐给当地的动物收容所——这样的活动的意义就在于，通过自身的产品营销，去提高人们对流浪宠物的认识，以及为他们做慈善募捐。同时 Uber 也鼓励用户邀请自己的亲朋好友，通过 AA 制付车费方式，一起参与募捐活动。

泰国：泼水节生存新技能 get

每年的 4 月中旬是一年一度的泰国泼水节，是泰国举国上下狂欢的日子。对于这样的日子，Uber 自然不会错过，借"节庆活动"又策划了一场营销盛宴。

一方面，用户可以通过应用，点击 Uber Splash 选择最近的蓄水卡车。预约成功的用户可以登上蓄水卡车 20 分钟，为自己的水枪蓄水，并在车上“占领高地”，“祝福”路上的行人。

另一方面，Uber 又为那些想要参与泼水节狂欢、但却顾忌随身重要物品被水淋湿的游客提供了 Survival Kit（包含了一件雨衣以及一个防水信封）的服务。这个被戏称为“生存套装”的营销方案里，调用了汽车之外其他交通工具，Uber Bike，用户通过 Uber 的应用点击 Uber Bike 并设置套装送到的地点后，过几分钟就会有人蹬着自行车给你送“餐”啦。不过数量有限，先到先得，该套装仅限 500 套。

加拿大：我送你回家

尽管加拿大政府机构对 Uber 不是很友好，但 Uber 还是在加拿大的城市街头“大出风头”。据悉，加拿大的车祸率在晚上 12 点之后会是平常时段的 3 倍，其中酒驾是重要诱因之一。因此，Uber 选择在多伦多街头装上自助酒精检测机 Uber Safe，以保证驾驶人能够避免“酒驾”的同时，还能够通过使用 Uber，顺利回家。

Uber Safe 自助酒精检测机相当智能。市民们通过抽取吸管、吹上 6 秒钟，便可轻松读取机器自动监测出的体内酒精浓度。如果发现有人浓度超标，Uber Safe 就会自动帮忙叫一辆车，并为其承担相应的乘车费用——此举旨在让更多人体验 Uber 贴心服务的同时，能够认识Uber、熟悉Uber、依赖Uber，养成“喝了酒叫辆Uber就好”的习惯。

新加坡：让跑车成为临时座驾

2015年3月21日和22日，Uber在新加坡策划了一场超跑秀——联合兰博基尼和玛莎拉蒂为用户奉上15分钟的免费乘坐体验。此次活动提供了两款车型，分别是兰博基尼的Gallardo Spyder和玛莎拉蒂的Gran Turismo两款跑车。用户只需要在Uber的应用界面上选择Super Car就有机会预约成功。

在这两天的免费乘坐活动结束后，如果用户还有需要，可以通过Uber来预约超级跑车。不过，这一次预约前，用户就应该摸摸自己的“荷包”，看看自己的“钱袋子”是不是真的能够负担得起，毕竟超跑座驾不是一般人能够负担起的座驾，即使是“临时”的，价格也是不菲的。

法国：戛纳电影节

在68届戛纳电影节开幕前夕，一个视频广告——《UberCOPTER：Reach The Sky》在YouTube上疯传。视频中，一位衣品不俗的摩登女郎使用Uber的APP预订了一架Uber的直升机，不多时便有一名专车司机开豪车将她送往机场，乘上直飞戛纳的直升机。这项直升机送客业务从5月13日一直持续到5月24日戛纳电影节闭幕，为期十二天。这期间，乘客可享受从尼斯到戛纳约7分钟的直升机飞行服务。

从尼斯机场到戛纳电影节的主场地影节宫是前往戛纳的必经之路，平时在不堵车的情况下走高速也需要40分钟左右，而电影节期间，面对来自世界各地浩浩洋洋的参展大军，这个时间至少也得翻一倍。从价钱上来说，Uber直升机服务也极为诱人，一般这段路程乘出租车的单程费用大约在120美元左右，而你只要多花60美元就可以乘坐直升机抵达戛纳会场。不要以为这是营销的噱头，实际上无论你是大明星去走红毯还是普通粉丝去围观偶像，每个人都可以使用Uber轻松搭乘。用UberCOPTER开启你的戛纳之旅，还有比这更吸引眼球的创意吗？

无论最终的成交量有多少，Uber赢得了全世界镁光灯的关注，成为这届戛纳电影节最大的赢家！

日本：樱花节

在日本，樱花节是一年一度国民狂欢的大日子。每年的3－4月份，是日本樱花盛开最茂盛的季节，大批市民和游客欢聚在樱花树下，或是浅酌清酒，或是品尝特色樱花料理，不亦乐乎。然而，许多人却因为漫天飞舞的樱花花粉而出现过敏症状。于是，为了方便人们出行，Uber 公司别出心裁地推出用无人机为用户免费发放口罩的服务。

在活动期间，Uber 将叫车平台的界面改成一个装有四只轮子的无人机图案，或许是告诉人们即使无人机遭遇飞行不便的路况也可以在地面继续行驶，以契合其“空陆两栖”的主题。用户只要点击进入 Uber Mask，像往常叫车一样，在地图上用图钉“钉”出自己的位置，很快便会收到 Uber 用微型无人机递送的口罩。这样的新鲜又另类的营销手段，真是让人拍案叫绝！

美国：试乘铁王座，过把瘾

很多人对于追美剧都有种“停不下来”的激情与狂热。对于他们 HBO 不能不说是美剧制作中的一个可爱又“可恨”的公司。2015 年，HBO 启用了独立媒体服务 HBO Now。为了推广，HBO 与 Uber 联手，于当地时间 4 月 16 日至 17 日在曼哈顿推出了“铁王座试乘”服务（THRONE RIDES），让用户走入“剧中”，体验一把“触电”的感觉。具体操作方式是：用户通过 Uber 输入“铁王座试乘”服务关键词，进入相关界面，用户则可以实现与“THRONE”合影，或者是选择“PEDICAB”，体验一辆装饰好的三轮车，过把戏瘾。

看完国外的案例，转头再来看看 Uber 在进驻国内后都推出了哪些让人眼前一亮、并让人印象深刻的活动吧。

北京：一键呼叫 CEO

这个活动在一定程度是“给你 7 分钟，Uber 会把投资人快递到你面前”营销活动的“孪生”创意。只不过和美国的营销有所出入的是，用户更多的是学生，且多是求职的学生。

活动期为 2015 年 4 月 24 至 25 日两天，地点在北京。16 个企业高管乘坐轿车围绕清华转，学生通过 Uber 应用叫车，和高管在车上进行 15 分钟面试。

据了解，参加活动的学生虽然并不限制学校和性别，但以实际参与情况来看，活动参加人群以女生为主，女学生们大多比较兴奋。据市场反馈来说，学生们都觉得近距离接触高管的机会非常难得，甚至还有人专门从天津过来，并当场拿到产品经理的 offer。

当然，这个活动并不是硬性的“一刀切”，而是充满关爱和温暖。有一名来自北航的同学一直没等到和某高管的见面机会。于是他提出活动结束后和对方拼车离开。在成功回学校路上，他成功拿到一份工作令他期待已久的offer。

上海：服务范围在扩张，一键呼叫天上

Uber在杭州开展“一键叫船”活动后，2015年4月，Uber又在上海推出一键呼叫直升机服务，拓展“天空业务”。

此次营销活动标价2999元一次，20位用户成为首批乘客，并邀请赵又廷作为首飞乘客，还在天空见证了一对年轻情侣浪漫的空中求婚。

Uber一键呼叫直升机活动和明星营销方案赚足了眼球。除了微博之外，很多媒体都报道了这则消息。其中新浪等几十家媒体还进行了跟进报导。这几乎意味着，Uber当天的新闻，唤起了无数人“仰头看”的体验热情。

上海：明星充当“专属”司机

同样是在上海，同样是在2015年4月，还是Uber。

佟大为不能不说是一名当红演员。当日，他化身一名Uber司机，驾驶着售价近100万元的特斯拉电动汽车，满大街转悠着拉客。在网络上疯传的一段视频内是“佟师傅”短暂拉活生涯中比较有趣的一段经历：第一位乘客是位资深“低头族”，上车后视线丝毫不离

手机。尽管佟大为使出浑身解数，仍没有被认出来。

这一个视频在一定程度上逗人“呵呵”的同时，还让 Uber 收获了关注人群，扩大了知名度。想来，佟大为为吸引乘客而耗费的脑细胞也是相当的值得了。

当 Uber 遇上哆啦 A 梦

2015 年 5 月 28 日，电影《哆啦 A 梦：伴我同行》像一部时光机一样，勾起了无数 80 后、90 后对于童年的美好回忆。Uber 和百度钱包借势联合推出了“哆啦 A 梦主题车”活动，又一次成为媒体关注的焦点。

在电影上映的第一天，一辆被漆成蓝色天空的哆啦 A 梦主题车亮相街头，不仅外部印满哆啦 A 梦和大雄等动画中的经典图案，车饰也完全以哆啦 A 梦为主题进行了布置，最令人啧啧惊奇的是车后座上还有一只大大的哆啦 A 梦公仔。和哆啦 A 梦一起乘车，成为年轻人之间的一种潮流。许多乘客在到达目的地之后还对哆啦 A 梦主题车恋恋不舍，迟迟不肯离去。

这次活动，Uber 一举俘获了众多粉丝的欢心，流动的主题车更是做了最好的品牌宣传。值得一提的是，在这场营销活动中，百度钱包无疑是最核心的一把钥匙，从购买电影票到 Uber 上付费，百度钱包在人们的出行和娱乐之间形成一个闭环，潜移默化地完成了 Uber 与网上支付平台的无缝对接。

一键约茶：便捷约茶

在中国、日本等亚洲国家，茶文化是历史进程推进中，逐步形成的一种具有相当地域色彩和历史色彩的特色文化，背后也蕴含浓厚的民族历史文化的深远意义。因此在这些亚洲国家，茶文化是一种在一定程度上具备着经济价值和社会价值，他们对优质、健康、功效、口感和内涵的茶饮有着强烈的需求，也有着饮茶文化产业发展的广阔空间，甚至需要更专业的饮茶环境和更专业的服务。

然而，对于世界范围内其他国家来说，茶文化并没有像中国等国一样，有着悠久的品茶和饮茶的习惯，更遑论茶文化。因此，茶产业、茶行业，一直难以在全球范围内得以普遍认知和高度关注。2015 年 6 月上旬，特拉维斯 · 卡兰尼克在一次演讲报告中曾说，茶行业一直是一个在全球范围内被高度低估的行业。

不过，这一现象似乎正在日益发生着改变——茶文化正在日益引起大众的关注和认可。这一点从 Uber 的试水或可管窥一斑。

在 Uber 服务中，用户不仅可以享受到 Uber 提供的最普遍的服务，还可享受到新加的一项服务——品茶。用户在进入 Uber 主界面后，可以看到类似于“附近的人”之样的功能，这意味着，用户可以看到自己身处的位置周边分布的茶楼、茶馆或售茶等资源。如果用户还想找到一位更加专业、更加贴心的“品茶人”，那么则可以通过界面底部的“人民茶友”“专业茶人“资深茶师”和“茶神”四个级别的选项，通过点击“呼叫约茶”选择适合自己的专属茶师提供专业定制化的贴心服务（在“茶神”级别中，你甚至可以觅到世界一流的茶师的身影）。这样的功能也和 Uber 最普通的专车功能相链接——选择“呼叫约茶”后，用户就可以通过 Uber 系统分配的私家专车，直接到达自己选择的饮茶空间，实现与饮茶人士的约茶。

目前，Uber 已经申请到中国茶圣陆羽，以及日本茶道宗师千利休作该项服务内容的形象“代言”，这一“商标”的认定，不得不说是 Uber 品茶一处诱人的招牌，其“品牌效益”能量可见一斑。

Chapter 8
极客——怪人 or 鬼才

“Stay hungry，stay foolish”

Geek 语录：今天，我们的社会走到了新的临界点。我们所处的时代，是一个大多数人都能够使用互联网和手机的时代——它们是分享所思、所感和所为的基本工具。

极客是美国俚语“geek”的音译。一般理解为性格古怪的人，很长时间以来，一直带有贬义。随着互联网文化的兴起，这个词逐渐有了智力超群和努力的词义，后又被用于形容对计算机和网络技术有狂热兴趣并投入大量时间钻研的人。现在 geek 更多是表达一种在互联网时代创造全新的商业模式、尖端技术与时尚潮流的含义。

在互联网时代，这样的极客层出不穷。这是一群以创新、技术和时尚为生命意义的人，他们不分性别、不分年龄，崇尚科技、自由和创造力，在不限于物质圈囿的领域中，引领着新经济、尖端技术和世界时尚风潮的前线，共同为现代的电子化社会文化做出自己的贡献。而他们的极客精神，也逐渐成为这个时代新的意识形态，成为一个时代的标杆。

史蒂夫·乔布斯，苹果创始人

2011 年 10 月，乔布斯去世。他的离世让全世界扼腕，大声疾呼“痛失天才”。

之所以称他为天才，是因为在他 56 年的岁月里，这位孤独的科技先知先后改变了 PC 产业、数字娱乐产业、音乐产业和出版业，并留下了苹果这家令全球消费者顶礼膜拜的高科技公司。

乔布斯是个典型的极客。他的性格不仅和他的奋斗经历有关，跟他的人生经历也密不可分。

1955 年，史蒂夫·乔布斯出生于美国旧金山。幼年的乔布斯生活在后来著名的“硅谷”附近，邻居中不少是惠普公司的职员。在他们的影响下，乔布斯迷上了电子学，并有幸参加一次惠普公司的聚会。聚会中乔布斯第一次认识了电脑，他做梦都想有台自己的电脑。这一想法，在一定程度上点燃了他走向成功辉煌的火焰。

初中时的一次同学聚会上，乔布斯遇到了生命中重要的伙伴——斯蒂夫·沃兹尼亚克（Steve Wozniak），两人一见如故。斯蒂夫·沃兹尼亚克是学校电子俱乐部的会长，同样对电子有着很大的兴趣。19 岁那年，乔布斯因为经济原因休学，成为雅达利电视游戏机公司的一名职员，借住在沃兹家的车库。他们经常在一起在小车库里琢磨研究，希望打造出一台属于自己的计算机。

在多方寻找和探索后，他们开始了两个年轻人伟大的创新：他们设计了一个电路板，将微处理器和接口及其他一些部件安装在上面，通过接口将微处理机与键盘、视频显示器连接在一起——这个在当时造价高昂、其貌不扬的电脑，为以后的世界带来了深远的影响。

精明的乔布斯似乎看到了这些，他们有了批量生产的想法。

为筹集到足够的资金，他卖掉了汽车，沃兹尼亚克卖掉了他珍爱的惠普 65 型计算机。就这样，他们有了奠基伟业的 1300 美元。

1976 年 4 月 1 日，在这个本来是传统“愚人节”的日子里，乔布斯、沃兹尼亚克以及乔布斯的朋友龙·韦恩（Long Wayne）却做了一件后世普遍认为特靠谱、也是一件特有影响的事：三人签署成立一家电脑公司。随后，21 岁的乔布斯与 26 岁的沃兹尼亚克在他们的车库工作室成立了苹果公司——那个被人咬过一口的苹果就是从这里走出，成为全球的著名商标。他们的自制电脑则被顺理成章地追认为“苹果 I 号”电脑，成为“苹果”系列产品的“始祖”。

然而，公司刚开始运营时，生意十分冷清，门可罗雀，毕竟在当时，苹果电脑对于人们来说还很陌生。直到 1976 年 7 月，零售商保罗·特雷尔（PaulJay Terrell）到他们的工作室参观。他认为苹果电脑大有前途，开出苛刻的条件，向乔布斯和沃兹尼亚克订购了 50 台整机。这批他们加班加点赶制出来的电脑很快被销售一空，“苹果”公司名声大振，乔布斯和沃兹尼亚克也获得了他们的第一桶金。

机遇往往垂青努力的人。1976 年 10 月，一位电气工程师马尔库拉慕名到访。马尔库拉十分擅长推销工作，在当时被人们称为推销奇才，他觉得计算机发展前景十分广阔，便决定重操旧业，帮助乔布斯他们把公司办好、办强。

他为他们制定了一份商业计划，给他们贷款 69 万美元，将自己的命运与两个年轻人联系在一起。有了马尔库拉这样行家里手的指导，有了这笔巨资，“苹果”公司迅速成长。1977 年 4 月，苹果公司参加了美国第一次计算机展览会。他们的新产品——苹果Ⅱ号，以小巧轻便、操作简便和可以安放在家中使用等鲜明特点，紧紧抓住了观众的心，苹果Ⅱ号在展览会上一鸣惊人，苹果公司也一炮而红。

在 1980 年的《华尔街日报》的全页广告上，写着“苹果电脑就是 21 世纪人类的自行车”，并登有乔布斯的巨幅照片。同年，苹果公司高层产生了 4 名亿万富翁和 40 名以上的百万富翁；其中乔布斯排名第一。1985 年乔布斯获得了由里根总统授予的国家级技术勋章。

然而，成功来得太快并非好事，过多的荣誉背后是强烈的危机。由于乔布斯经营理念与当时大多数管理人员不同，加上电脑巨头 IBM 公司开始醒悟过来，也推出了个人电脑，抢占大片市场，使得乔布斯新开发出的电脑节节败北，由于企业内部在一定程度上存在矛盾，乔布斯在 1985 年 9 月愤而辞去苹果公司董事长一职。

闲赋下来的乔布斯逐渐意识到了自己的错误，他决定吸收教训，重整旗鼓。辞职几天后，乔布斯又创办了“Next”电脑公司，继续开始他的事业之旅。1986 年他收购了 Lucasfilm 旗下位于加利福尼亚州 Emeryville 的电脑动画效果工作室，成立皮克斯动画工作室。在之后十年，该公司成为了世界知名的 3D 电脑动画公司，并在 1995 年推出全球首部全 3D 立体动画电影《玩具总动员》。

1996 年 12 月 17 日，全球各大计算机报刊几乎都在头版刊出了“苹果收购 Next，乔布斯重回苹果”的消息。此时的乔布斯已是身价逾 10 亿美元的大亨，相形之下，苹果公司却已濒临绝境。

于苹果公司危难之中重新归来，乔布斯果敢地发挥了行政总裁的权威，大刀阔斧地进行改革。他还做出了一件令人们瞠目结舌的大事——与宿敌微软公司握手言欢，缔结了举世瞩目的“世纪之盟”，达成战略性的全面交叉授权协议，他也因此再度成为《时代》周刊的封面人物。

1998 年，凝结着全体员工的汗水、寄托着乔布斯振兴的梦想的 iMac 面世。这是一个全新的电脑，代表着一种未来的理念，获得市场一片叫好声，也令世人臣服于苹果的工业设计。同年 12 月，iMac 荣获《时代》杂志“1998 最佳电脑”称号，并名列“1998 年度全球十大工业设计”第三名。

随后，第二代 iMac、iBook 无不在市场上迅即受到用户追捧，“苹果”扭亏为盈。1999 年 1 月，当乔布斯宣布第四财政季度盈利

1.52 亿美元，超出华尔街的预测 38% 时，苹果电脑在 PC 市场的占有率已由原来的 5% 增至 10%。

电脑领域的成功并不意味着乔布斯思想的停滞，他又将目光放在了音乐领域，发布了把苹果公司带到音乐世界的产品——iTunes。

如何使电子产品运行更快、更好，用户体验更舒适，携带更加便捷，乔布斯和他的团队一直在努力着，并不断刷新着世界的记录。从苹果公司 2001 年推出的音乐播放器 iPod 到 2007 年的 iPhone 手机，无一不体现着乔布斯对设计与用户体验的理解。如今，ipod 和 iPhone 也早已成为全世界流行时尚文化的象征。2007 年，带着苹果气息的苹果专卖店的零售额达到 10 亿美元，增长速度超过了任何一家其他公司。

2011 年 8 月 24 日，乔布斯向苹果董事会提交辞职申请，推荐蒂姆·库克接替他的职位；同年 10 月 5 日，乔布斯因病逝世，终年 56 岁。

他的离世对于世界来说无疑于一颗星辰的坠落。“Stay hungry, stay foolish”这句被世人推举为极客的典型语录，激励着无数的创业者和年轻人前进的脚步。

比尔·盖茨，微软创始人

“保罗·艾伦与我创建微软的时候，我对软件开发充满很多梦想。我们希望自己的软件能够对这个世界产生重要影响，让每一个办公桌和家庭拥有电脑也一直是我们讨论的话题。令我们感到惊讶和兴奋的是，梦想中的很多东西都已经成为现实并且涉及到生活的很多方面。我从没想过一家令人难以置信且异常重要的公司竟然源于这些最初的想法。”在众多的极客名单中，从世界知名高校哈佛大学退学的比尔·盖茨在当时看来算是一个地地道道不走“寻常路”的极客。

比尔·盖茨（Bill Gates），1955 年 10 月 28 日出生于美国华盛顿州西雅图，13 岁开始计算机编程设计。1968 年，盖茨与他的同学保罗·艾伦（Paul Allen）利用一本指导手册，开始学习 Basic 编程。当时该校拥有一台 PDP－10 计算机，其使用时间的年度预算资金为 3000 美元。不久后，这两名小男孩与“计算机中心公司”签订了一份协议：盖茨和艾伦向其报告 PDP－10 存在的软件漏洞，而对方则向他们两人提供免费上机。

1972 年，盖茨以 4200 美元的价格，将他的第一个电脑编程作品——一个时间表格系统卖给了他的高中母校。

1973 年，18 岁的盖茨考入哈佛大学。盖茨记忆力很好，却有不少“臭毛病”：经常逃课、不爱洗澡、在编程或玩牌时就只吃比萨饼和喝苏打水。在哈佛的时候，盖茨为第一台微型计算机 MITS Altair

开发了 BASIC 编程语言的一个版本。

在接触到 1975 年 1 月出版的美国《大众电子》（Popular Electronics）杂志上一篇 MITS 公司介绍其 Altair 8800 计算机的文章后，盖茨和朋友主动给 MITS 总裁埃德·罗伯茨（Ed Roberts）打电话，“谎称”他们已经为这款机器开发出了 BASIC 程序——其实，他们是在之后才开始为此夜以继日地工作。不过，他们后来的确写出可在 Altair 8800 上运行的程序，除了收获了 3000 美元的出售价格外，更获得高达 18 万美元的版税。

1976 年 11 月，盖茨和艾伦注册了“微软”（Microsoft）商标。他们曾一度考虑将公司名称定为“艾伦和盖茨公司”（Allen & Gates Inc.），但最后没有采纳。

次年，盖茨从哈佛大学退学，前往美国新墨西哥州阿尔伯克基市，找到了一份编写程序的工作，并把微软总部也设在此地。两年后，微软总部迁往华盛顿州贝莱佛（Bellevue）市。随后，盖茨与 IBM 签订合同，为 IBM 的 PC 机开发操作系统。后来他又对一款 QDOS 的操作系统稍加改进，并更名为 DOS，授权给 IBM 使用。

1982 年，盖茨向 50 家硬件制造商授权使用 MS－DOS 操作系统；1983 年 11 月，Windows 操作系统首次亮相。1995 年 7 月，39 岁的盖茨荣登《福布斯》全球亿万富翁排行榜榜首。

在很多人看来，盖茨行为确实古怪。除了他从哈佛大学退学的“大事”之外，他在生活中也“不可思议”，有很多逸闻趣事。比如，盖茨秘书在进入微软办公大楼时，经常发现盖茨本人躺在地板上睡大觉；对手下要求非常严格，并经常与同事进行激烈争辩；同时他好像特别清高，他曾经说过：“我们绝大多数的竞争对手做的相当差。他们不知道如何引进具有商业才能和技术才能的人才，更不知道如何充分组织、结合这些人才的优势。他们也不知道如何在全世界范围内推广自己。”他也十分“不近人情”，经常让人难堪，曾经经常将“这是我有生以来听说过的最愚蠢的想法”这句话挂在嘴边。

不过，正如他所说，“从失败中吸取经验教训更重要”，这可能就是天才与众不同的地方。李开复就曾评价他：“享受辩论，就想听到不同观点，又总是想赢。可是好胜心和好奇心，并没有影响盖茨最终成为一个谦虚的人。”

他谦虚，也乐善好施，每年关于他的慈善事业的报道不胜枚举。克林顿曾就他的慈善事业如此评价：比尔·盖茨赚的钱比人类历史上所有人都多，他在努力把钱捐献出去。大多数人也许会把钱用在别的地方，或是只捐出一点点，并希望别人给他们别上勋章，而不是像比尔·盖茨那样，把全部的时间都用在寻找真正行之有效的东西。这就是他毕生的工作。”

成功是一个坏老师，它会误导聪明人觉得自己不会失败。比尔·盖茨深知这一点。他也很少去跟别人比较：不要拿自己与世界上的任何人比。如果你把自己和别人比较，那是对自己的侮辱。如今，这个非凡的技术男似乎站上了另一条起跑线，向着更深、更广的领域冲刺。

马克·扎克伯格，Facebook 创始人

马克·扎克伯格是本章提到的几位极客代表中最年轻的一位。之所以将他放在比尔·盖茨后提到，是因为他一度被认为是“盖茨第二”——之所以将其同微软创始人比尔·盖茨做比较，很大程度是因为他们在外界看来，都是从哈佛大学主动退学的“坏学生”，都是白手起家、在互联网上创业，从而影响全世界。

提起马克·扎克伯格，很多人可能并不是特别熟悉。但如果提起 Facebook，大多数人都会意味深长地发出一声长长的、带着尾音的“哦~”——没错，就是这位“80 后”，扎克伯格创建的。

扎克伯格，1984 年 5 月 14 日出生在美国纽约州白原市。父亲是一名牙医，母亲则是一名心理医生。

出生于如此家庭的扎克伯格从小受到了良好的教育。但他从小就既不对口腔卫生感兴趣，也不对精神健康感兴趣，而是对电脑产生了浓厚的兴趣。12 岁时，他用 AtariBASIC 创建了“扎克网”，让父亲可以在家里和牙医诊所之间进行消息交流。

青少年时期的扎克伯格结交了一群艺术家朋友，当他们到扎克伯格家做客兴致高时，都会留下一些画作。而扎克伯格不仅停留在欣赏的层面，而是从画作上发掘了创新的灵感——照着画做出一款款在现在看来并不成熟的电脑游戏。

后来，扎克伯格进入新罕布什尔州的一所名为菲利浦艾克塞特的私立寄宿制高中就读。在那里，他显示出了在击剑运动方面的天赋，并成为了校击剑队的队长。不仅如此，在经典文学方面，他也取得了突出的成绩。然而，扎克伯格最热爱的始终是电脑。高中时期，他制作了一个潘多拉音乐软件的早期版本，称之为 Synapse。包括美国在线和微软在内的很多大公司都表示愿意在他毕业前就雇用他，并且购买他的软件。不过都被他拒绝了。

2002 年，扎克伯格进入哈佛大学就读。大二时，他又开发出一款依据其他学生选课规律而让用户参考选课的、名为 CourseMatch 的程序。之后，扎克伯格和他的三位同学——迪夫亚・纳伦德拉、卡梅伦・文克吾斯和泰勒・文克吾斯，建起一个名为“哈佛联通”的社交网站。但由于个人原因，他很快离开了此项目。

2004 年 2 月，扎克伯格和另外三个同学——达斯汀·莫斯科威茨、克里斯·休斯以及爱德华多·萨维林建立起一个允许用户创建个人配置文件、上传照片，并能与其他用户联系的网站，这便是 Facebook。

Facebook 一经出现，便大放异彩，当年便掀起一股强烈的网络社交“新风”。截至 2004 年底，Facebook 已拥有 100 万注册用户，同时，新用户也以井喷式态势增长。由于 Facebook 注册用户越来越多，扎克伯格选择了退学，专注网站业务。

2005 年，扎克伯格的企业获得了风险投资公司阿塞尔合作伙伴的大力支持，阿塞尔为扎克伯格的网络投资了 1270 万美元。当时的 Facebook 只是针对常春藤联盟的学生开发使用，后来，才逐渐开放给其他大学、高中和国际学院等。到 2005 年 12 月时，该网站的会员已超过 550 万人，Facebook 吸引了很多想在这个巨大社交中心做广告的公司。因为不想卖掉网站，扎克伯格毅然拒绝了像雅虎和 MTV 等网络大公司的报价。相反，他更加专注于对网站的发展壮大，并开放了一些项目承包给外界的开发商，同时给网站附加了更多功能。

然而他的创业过程也并非一帆风顺，2006 年，哈佛联通的创造者宣称扎克伯格剽窃了他们的创意，并向扎克伯格提出了经济赔偿要求。扎克伯格坚持立场，称两个网站纯粹是基于两种完全不同的想法。但经律师调查后发现，扎克伯格可能有意窃取哈佛联通的知识产权以及 Facebook 的私人用户信息，并提供给他的朋友。扎克伯格后来为此事道歉。虽然双方初步达成了 650 万美元的和解协议，但在纳伦德拉和文克吾斯兄弟了解了 Facebook 的股票价值后，宣称他们被误导了，于是这场法律纠纷一直持续到了 2011 年。

尽管受到打击，扎克伯格和他的 Facebook 都没有停下前进的脚步。《时代杂志》将他评选为 2010 年年度人物；《名利场》把他排在了新兴富豪的顶位；《福布斯》把他排在了 400 首富榜上的第 35 位，并估算他的身价为 69 亿美元，比乔布斯还要高。2012 年，Facebook 将正式上市；随后，Facebook 超过谷歌，成为硅谷有史以来规模最大的 IPO。创始人扎克伯格，身家将达到近 300 亿美元，成为新一代的科技创始人之一，成为全球最年轻的自己开创的亿万富豪。

拉里·佩奇 & 谢尔盖·布林，Google 创始人

国内一家英语学习网站曾经推送过一个关于专有名词翻译“困境”的文章。其中两个词汇也正是本章中出现的两个：一个是 Facebook，一个是 Google。Facebook 的创始人马克·扎克伯格没有用生僻词，只是翻译成中文时候难免拗口；而 Google 的翻译则是因为这个词汇的出现，大有“玄机”。

找任何一本词典，Google 这个单词几乎都没有释义的。有故事说，其实这是一个“错词”：创始人想起一个能够和海量数据索引有关的名字，想到了“googol”（编者注：指 10 的 100 次幂）一词，用来代表在互联网上可以获得的海量的资源。结果一个拼写错误，就将这个词打成了" google. com"。于是，这个“笔误”代替了曾经的“BackRub”，笑傲着纵横于互联网时代。

其实，作为一个互联网里程碑似的的世界品牌，名字或许能够带来一定的“好运”，但广阔的前景、良好的用户体验更应是 Google 成功的重要因素。

Google 的成功，一半源自实力，一半来自运气。

实力来自于 Google 的两个天才创始人——拉里 · 佩奇 & 谢尔盖 · 布林。

1996 年，就读于美国斯坦福大学的佩奇和布林就开始合作研究一名为“BackRub”的搜索引擎；毕业后，他们开始进行互联网搜索方面的学术研究，当时业界对互联网搜索功能的理解是：某个关键词在一个文档中出现的频率越高，该文档在搜索结果中的排列位置就要越显著。而佩奇和布林则认为，在其它网页中出现的频率和这些网页的可信度，决定搜索结果排列位置的因素，也就是说，网页在受众中的知名度和质量是决定性因素。

不久他们发现他们的结果查询方法比其他任何一种搜索都要高明。为了推广，他们开始为技术积极寻找合作伙伴。

两个年轻人找到了雅虎的创始人之一戴维·菲洛。菲洛建议他们自己建立一个搜索引擎公司发展业务。在一次机会下，他们得以向 SUN 微系统的创始人之一安迪·别赫托希姆 Andreas Bechtolsheim 做搜索演示，得到极大的肯定，并获得了对方一张 10 万美元支票的支持。

这张支票在一定程度上倒逼 Google 的出现。后来他们积极筹资金。截止到 1999 年 6 月，他们共筹措到了 300 万美元的启动资金。在朋友的车库里，布林和佩奇开始了 Google 的征程。创立之初，公司除了布林和佩奇之外，就只有一个雇员——克雷格·希尔维斯通——Google 的技术总监。三个月以后，Google 网站正式开通。随后一发不可收拾。

Google 的成长除了靠实力，运气也相当重要。Google 的运气似乎也具有“倒逼”意味。

所有新兴事物开始都会被传统思维所轻慢，Google 也没有例外。当时，Google 的竞争对手致力于成为门户网站，投入搜索服务的比重不大，这无疑给 Coogle 的成长提供了一条夹缝。不过，随着时间的更迭，提供纯技术服务的 Google 重要性日渐显现，各色公司费尽心思想要提升自己在 Google 的排名。

不久后，Google 从一个租借便宜办公室、十几个服务器、一群失业了的程序员组成的小公司一跃成为世界 IT 巨头。2000 年，在他们的领导下 Google 发展成为最大的互联网搜索引擎，雅虎选择 Google 作为默认的搜索结果供应商。

2001 年，佩奇辞去了 CEO 的职位，聘请埃里克·施密特博士担任谷歌公司 CEO，自己则担任了产品总监。2003 年，谷歌收购 Semantics 和 Sprinks 后推出 AdSense；一年后，Google 在纳斯达克上市。

事实证明，佩奇和盖里是成功的。佩奇重任谷歌公司 CEO 后，在 2013 年的《巴伦周刊》在全球最佳 30 位 CEO 评选中，对其如此评价：他将知识转化成了巨大的财富，这个书呆子用事实证明自己比任何人想象的都要精明。

是的，他们确实“书生气”“书呆子气”。在一次的《经济学人》杂志访问中，布林曾开玩笑说：“我们俩都有些令对方厌恶”——因为两人似乎在大多数课题项目上都持不同意见，但在共同相处了一段时间以后，两人就“在智力上惺惺相惜，成为了亲密的好友”。

Google 鼓励创新，鼓励个性。因此，在 Google 内部，需要的不仅仅是发扬已有产品，更重要的在于对公司产品研发的不断投入和鼓励，去让公司开拓更多新的方向。

虽然西方有一句谚语“世上没有免费的午餐”，但在 Google，“免费福利”比比皆是：

员工用餐、健身、按摩、洗衣、洗澡、看病都 100% 免费；每层楼都有一个咖啡厅，可以随时冲咖啡、吃点心，大冰箱里有各种饮料，免费随意喝；更不可思议的是，和其他美国公司不一样，在 Google，员工可以带孩子甚至是宠物上班；任何一个重要员工都有自己的独立办公室，每个办公室可以按照自己的意愿来装修。

当然，这些“个性”和“自由”在一定程度是有“代价”的：团队须不断创新想出“好”点子，具备创新能力或是研究出新成果，都能获得相应规定的奖励——这些俨然已经成为 Google 的一种企业文化，保证着 Google 这辆巨轮在互联网时代中的奋力向前。

埃隆·马斯克，Paypal 创始人

他是全球最大的电子支付平台 Paypal 的创始人，开创了网上第三方支付的先河；他是美国商业航天企业空间探索技术公司 SpaceX 的 CEO，开启了商业航天事业的序幕；他是光伏发电服务供应企业 SolarCity 的董事长，创造了全新的太阳能安装产业模式；他是电动车生产企业 tesla 公司的领路人，赋予了电动汽车新的命运……人们惊异于他非凡的成就，他却谦虚地说，“这些并不是我刻意要做的事情，我这样选择是因为它们最有可能影响未来”。将商业与工程师完美地结合，他就是当今不可思议的创业传奇埃隆·马斯克（Elon?Musk）。

埃隆·马斯克出生并成长于南非的比勒陀利亚，他年少时，父母离异，他的两个兄弟都随了母亲生活，而他自己则选择了跟随冷酷苛刻的工程师父亲生活。10 岁那年，马斯克拥有了自己的第一台电脑，并且学会了软件编程。两年后，他成功设计出一个名叫“Blastar”的游戏，并将这款商业软件卖出了 500 美元的价格。

中学毕业后，马斯克考上了比勒陀利亚大学，但是后来他的母亲以加拿大公民身份担保他来加拿大团聚，此后马斯克再也没有回到南非。后来，马斯克考上了加拿大女皇大学，然后又转学到了美国宾夕法尼亚大学。在从宾夕法尼亚大学的沃顿商学院毕业，获得学士学位后，他又留校一年，获得第二个物理学士学位。

大学生活里，马斯克热衷于组织各种活动，还完成了两篇广受好评的有关太阳能和超级电容器电池的论文——而对这两个领域的研究，也为他之后取得成功奠定了基础。

不过，似乎极客们都喜欢退学，也都不安分。

1995 年，马斯克到斯坦福大学学习材料科学和应用物理硕士课程只两天，就被硅谷创业浪潮吸引，选择了退学。之后，他和弟弟一起创立了第一家公司 Zip2，专为媒体公司提供在线出版服务。在马斯克的经营下，公司逐渐发展壮大，在 1999 年并康柏公司 AltaVista 部门收购，马斯克也获取巨额回报。随后，马斯克又联合他人创立了一个在线金融和邮件支付服务公司——X. com，后与另一家公司合并后更名 PayPal。2002 年他再以 15 亿美元将 PayPal 卖给了 eBay；而作为 PayPal 最大的股东，马斯克又赚到 1.65 亿美元。

这些对于马斯克来说，不过是小试牛刀，为自己攒“资历”罢了，他还有更加宏伟的目标和更加惊天动地的大项目。

作为南非白人来说，马斯克身上有着开拓者的基因——马斯克的祖父是一位从加拿大来到南非的探险家，也是第一个驾驶单引擎飞机从南非飞到澳大利亚的人。他的妹妹托斯卡·马斯克就曾说：“我不想听起来显得例外，但我的家族确实与别人不一样，更愿冒险。”

马斯克的冒险似乎有着太空梦想——

2002 年，马斯克创立了 SpaceX 公司，内心有着几乎“不切实际”的目标：为人类提供更为快速、廉价且频繁的太空运输服务。

为了实现这个伟大的目标，马斯克前往俄罗斯去寻找退役的洲际弹道导弹来作为运载发射火箭，拜访美国著名的航天航空公司的洛克希德·马丁学习经验。几经波折后，SpaceX 公司终于设计出了全新的、节能型火箭“猎鹰 1 号”，用高纯度煤油作为燃料的“猎鹰 1 号”实现了他的空中运输梦想。

不过火箭的运输速度还是赶不上马斯克的思想。只要他看好的，他会一直努力，直到达到目标。2004 年，马斯克向一家名为特斯拉的创业公司投入了种子资金。这是一家专注于生产制造电动汽车的公司，在低成本和高智能发展方向上和 SpaceX 公司不谋而合。在马斯克的“雷厉风行”下，几个月之后，这个 18 人团队便制造出第一台电动汽车原型。

打天下难，守天下更难。2008 年，SpaceX 的火箭第三次未能成功发射至轨道，而当时的特斯拉公司也存在产能滞后和成本超支的严重问题。马斯克也到了濒临破产的边缘，之前赚得的 2 亿美元已经快被 SpaceX 和特斯拉两家公司花得一干二净。

好在命运似乎格外眷顾这位天才，2008 年 9 月 28 日，猎鹰 1 号在第 4 次发射试验中成功的进入预设轨道。在当年年底，凭借一流的创新技术，马斯克收获了 16 亿美元的 NASA 火箭发射任务订单，再次迎来了人生的重要转机。2012 年 5 月 25 日，SpaceX 发射了一枚两级火箭，将一艘名为龙飞船的太空飞船送向国际空间站（ISS），更是开启了太空私营化的时代。

这个有着高远梦想的马斯克因此做到了历史上能做到飞行器和空间站对接的四个组织之一——美国、中国、苏联和埃隆·马斯克。取得了成功的马斯克依然不安分。他还积极投资电影，为三部电影当过制作人；敢于冒险，金融危机爆发时，他把自己的个人财富的最后 300 万美元全投入到公司中去，以期解决 Tesla 的问题，房租一度都成为避不开的难题；策划“火星绿洲”的项目；打造世界首艘私企研发的飞船“龙”飞船；进军新能源，支持太阳能的安装与推广……

马斯克是在和时间打赌，也在和自己争气。在他身上，散发着“教父”般的魅力。现如今马斯克的第三家公司 SolarCity 在极力拓展太阳能电力市场，可提供从系统设计、安装以及融资、施工监督等全面的太阳能服务。马斯克的梦想“将普通人送入太空，并登陆火星；将燃油汽车全变为电动汽车，并以太阳能提供人类所需电能”正在一步步实现中。

《财富》杂志专访（中文版）

Uber已经整整5岁了。对于许多用户来说，那些只能靠出租车或打电话叫车外出的日子，似乎已经成为一段难以想象的历史。Uber当然已经长大，就算它还没有成长为一家巨头级企业。目前，Uber已进入全球58个国家的311个城市。为了纪念成立5周年，Uber在它的家乡和第一个市场旧金山举办了一系列推广活动。该公司CEO特拉维斯·卡兰尼克将对Uber的员工、司机和各路贵宾发表演讲。演讲的主题包括大城市面对的挑战（比如，怎样让道路变得更安全、怎样应对交通拥堵、怎样提高经济增长机会等），以及Uber计划如何应对。此外，Uber在旧金山的员工本周也将分头赶往城市各处，志愿参加一些市政工程建设。

为了纪念成立5周年，最早加入Uber的5名员工接受了媒体采访，谈谈他们是如何来到Uber的，最早的任务又是什么。他们的故事都有一些共同的主题，比如意外加盟了一家一开始似乎毫不起眼的公司，然后拼命创新，利用 Twitter 求职，与重要的科技发展保持同步等等。以下是采访记录：

2009 年，莱恩·格拉维斯还在为通用电气工作，他觉得自己需要改变。

我说："我不能当一个通用人。"我想进入创业界。于是我在 Twitter 上关注了纽约的很多人，以及全国各地的天使投资人，因为我猜想天使投资人知道下一个大事件是什么。

我想了解下一个创新。我去见了 Foursquare（一家基于用户地理位置信息的手机服务网站）的人，当时他们只有四五个人，也没有提供任何实习机会或业务岗位，但我还是去了芝加哥，其实就算开始为 Foursquare 工作了。我干了大约 3 个月，然后通过我关注的某位天使投资人的 Twitter 账号看到了特拉维斯发的一条推文。他谈到了 Uber 获得大机构投资，有大人物支持。我觉得那听起来非常有意思。

于是我给他发了私信，然后写了几段话介绍我自己。我们整整聊了两个小时，一直聊到凌晨一点钟。然后，我在半夜叫醒我妻子说："嘿，我们搬到旧金山怎么样?"当时我们住在芝加哥。她说：

“如果你觉得好，我支持你。”

格拉维斯于 2010 年 2 月搬到旧金山。新公司当时有很多工作要做，特别是要继续完善 Uber 联合创始人加勒特·坎普开发的产品。

加勒特有一个原型产品，但运行得不是很好。所以我们首先做的，就是在进入苹果应用商店之前，找家公司重新构造。那家公司名叫 Mobley，后来被团购网站 Groupon 收购了。然后，我们设计了 UberCab. com 的网站。我们还完善了注册流程和集成信用卡支付系统。所有最基础的商务框架都需要被构建出来。当时我们经常约一名司机在咖啡店见面，问他问题，以了解现实世界能否接受我们的理念。

康拉德·惠兰此前一直在他的家乡加拿大卡尔加里市的科技领域工作。加勒特·坎普也是加拿大人，他们二人相识多年。一次令人眼界大开的旅行和一通电话改变了一切。

2010 年 1 月，我进行了一次疯狂的横穿欧洲自驾之旅。在穿越西班牙和葡萄牙之后，我认识到，外面的世界原来这么大，我必须走出卡尔加里。但当时我并不想再去另一家创业公司，而是想休息一阵子。有一天，我顺手给加勒特打了个电话，想知道他最近过得怎么样。当他发现我正好闲着，并且准备搬家时，他差不多就等于向我下达了录用通知，要求我来旧金山帮助他一起启动 Uber。

惠兰是 Uber 的首位工程师。

我刚加盟公司的时候，那款产品还没法接受注册，只是预约车辆的一种途径而已。所以我构建了一个需要信用卡，能够生成用户账号的注册流程。等这些做完，我们就能正式发布产品了。当时是 2010 年的 6 月 1 日，距离我加盟 Uber 正好两个月。

我做的下一件事就是优化 Uber 的调度算法，以避免司机错过一次车辆分派任务。这个过程大概持续了 3 年左右，这事儿挺酷的。

莱恩·麦基伦是 Uber 的第二位工程师。他是从格拉维斯那里知道这家公司的。格拉维斯和他一样都毕业于迈阿密大学俄亥俄分校，两人是在旧金山认识的。当时，Uber 从另一家名叫 Zozi 的创业公司那里租用了一小间办公室。

最终，我们在他们的办公室租了一间小会议室，就是用玻璃幕墙隔开的那种。那张桌子几乎和房间一般大。我还记得到公司的第一天早上，刚跨过门槛，我就注意到了堆在桌子上的一摞书，都是关于计算机科学、编程和数据库的。它们都是原装的，连封皮都没撕。还有一本破破烂烂的书看来已经被翻阅了无数次。我说的第一句话就是："嘿，康拉德，为啥桌上还有一本西班牙语辞典呢?"他看着我说："因为代码是用西班牙语写的。欢迎来到 Uber。"

奥斯汀·盖特是从实习生的身份加入 Uber 的。最终她干了非常多的工作，成了 Uber 开辟新市场的"剧本"专家。

当时我刚出校门，正在找工作，经济环境也很不景气。我在 Twitter 上随机关注了一些科技界的人。后来我看到了几条关于 Uber 的推文，可能是贾森·卡拉坎尼斯发的吧，看起来很有意思。我听说他们正在招实习生，于是我找到了莱恩·格拉维斯，他当时正担任 Uber 的 CEO。我对他说："你必须给我一次机会。"

那是 2010 年的 8 月。很快他就打来电话："先回答几个问题吧。"我尝试着给出自己的答案。我喜欢看 Uber 今天的样子。然后他很快说："你为什么不来一趟?"然后我就去见了他们。

当时他们正在借用 Zozi 公司的办公室，空间很紧张。我去见了他们。我不记得当时我们谈了什么，但氛围很随和，我喜欢这一点。我记得那天我打扮得非常正式，但是他们都是一副书呆子的样子。

当时我心想："这些家伙真酷，对他们的事业充满激情，他们的产品也非常有意思。"所以我诚恳地请求格拉维斯给我一次机会，他答应了。老实说，我其实并不是非常够格。前几个月挺煎熬的，我做得也不是很好。但即便是在我还比较生疏的时候，他们也没有放弃我，直到我渐渐熟悉了业务。

我是个实习生，所以我的工作也不是很固定。我记得我曾在莫斯康会展中心门口发过传单，但是没人想接。我也给 Yelp 上的很多司机做过电话推销。后来第一个支持我们的司机来了。当时我就觉得："我能行。"早些时候我们也试过电话支持，那些电话会直接转到我的手机上。如果我没接，它就会转到格拉维斯的手机上。如果格拉维斯也没接，就会转到特拉维斯的手机。但随后，有人在凌晨三点打电话说，"我打不着车了。"于是我们关掉了电话支持功能。总之一开始的时候，这就是我能够做出的贡献。

由于当时我是刚出校门的菜鸟，我一度觉得自己写不出一封得体的邮件。然后我很快意识到："噢，大家都是写到哪算哪。"在一家创业公司里，没人知道他们自己在干什么。自从我对这一点产生了信心以后，我的工作很快就上手了。

当我们开始得到用户的支持时，我想："好吧，我要做所有的支持工作。"我承担了博客社区管理方面的工作和许多琐碎的事务。然后我们负责司机运营的人从公司离职了。他们说："奥斯汀，你能把这一块的工作也兼了吗?"我说："当然可以。"于是从那时起，我开始负责管理与合作伙伴的关系。

当时我们做的还仅仅是礼宾车这一块。有一次我去接客户，我正好陪他走出来，结果看到他走进一辆粉色的克莱斯勒 Caravan 里。我想："我们以后最好提前做一下车辆检查。"

每次我在一个城市做推广时，我把我做的每件事都做了笔记，那就是我们最初的一个非常草率的"剧本"。后来每到一个城市，我都会修改"剧本"，使它变得更高效。他们说："为什么你不招聘一些推广人员呢?"最终我大概招聘了 50 人。我的态度是："寻求宽恕。"我负责了这次大扩张。

为了与男友团聚，雷切尔·霍特搬到了华盛顿——他的男友现在已经成了她的丈夫。她回复了 Uber 的一份招聘启事，开始在美国首都推广 Uber。

我是在 2011 年 11 月 8 日来到华盛顿的。我们在 11 月 18 日做成了第一单。所以在 10 天时间里，我们差不多把所有事情都抛在脑后了。一开始只有我和另一个推广团队在做，他们大概是在我的两周后开始的。我觉得当时有一种盲人骑瞎马的感觉。

华盛顿是我们碰到监管挑战的第一个市场。讽刺的是，我刚到华盛顿时就说过，我不想干任何跟政治哪怕有一丁点关系的事。我们在 2011 年的 12 月 15 日正式发布产品。

我记得那是2012年1月11日，也就是离我们正式发布还不到一个月，我当时刚从旧金山返回华盛顿，但Uber在华盛顿已经火得不行。从一家企业的观点看，Uber已经做得很好了。我在旧金山与特拉维斯和比尔·格尔利见了面，他们当时都在办公室。我们当时真的工作得非常努力，整个团队每天都忙得团团转。

我刚回到华盛顿，Twitter上就冒出了出租车管理部门宣布Uber在华盛顿为非法的消息。我们想方设法地去解决这个问题。当然，由于这是华盛顿，所有人都对监管领域的故事感兴趣，所以《华盛顿邮报》和很多博客都在评论此事。结果发现，有一名出租车管理部门的官员在没有引用任何法规的情况下，就断言“它是非法的”。轻轻一句话，就让大家疯了似的急了两天。然后我接到了一个电话：“那位出租车管理官员要求试乘一下，我们怎么办?”我说：“让他试乘，反正我们什么也没做错。”他让车子停在五月花酒店，然后召集媒体，扣留了司机的车子，并且开了一张2000美元的罚款票据。

当天我就挨个打电话给每个合作伙伴，对他们说：“现在发生了这件事，我们百分之百地支持你们。如果像这样的事情再发生，不管是什么罚单传票，我们都会原价赔偿。我们支持你们。”我们给每名司机都打了电话。当晚，我们上路的司机比发生这件事以前还要多。

CNN 专访 Uber 创始人卡兰尼克——“我们的发展速度史无前例”

优步为何能值 180 亿美元？

卡兰尼克表示公司正在以一个令人震惊的速度发展，公司每年的营收都能翻四番。

“这源自于我们公司的性质以及它的增长速度……”卡兰尼克说道，“数以百万计的用户正在使用我们的服务，与此同时，它的增长速度相当快，从任何角度来看，它都可以称得上是史无前例的。”

优步是一家科技公司还是一个汽车服务商？

卡兰尼克认为优步不仅仅是一款应用而已。比方说，优步已经在纽约启动了一项名为 Uber Rush 的快递服务，卡兰尼克很看好它的发展前景。

“这是一个连接用户和司机的科技平台”，他说，“若你想搭车，我们便可以把所有可用的交通服务与你连在一起，带给你最快的速度、最棒的体验和尽可能低的价格。”

你觉得运输的未来会是什么样的？

一直有用户觉得优步的价格太贵了，特别是在运输高峰时段。但是卡兰尼克认为优步有朝一日完全可以让购买并拥有一辆汽车成为历史，从而为人们省下大笔资金。

“我们有许多用户都已经做出了这样的决定”，卡兰尼克说道，“每天都有用户给我们写邮件说，‘嘿，我刚刚把我的汽车卖了；我不再需要为它烧钱了。’比方说一个月的用车费用如果是 500 美元的话，我们一年就可以帮他们省下 6000 美元……我觉得这就是为什么越来越多的人开始使用 Uber 而放弃驾驶。”

为什么优步刚刚与美国运通达成了合作关系？

这个项目是为了让运通卡卡主可以用积分来支付行车费用，此外如果他们用运通卡付款，还可以获得双倍积分。优步此前曾与 AT&T 达成了合作伙伴关系，卡兰尼克表示它们在未来会与更多公司合作。美国运通一直以来都在和科技公司打交道，最近还在与 Twitter 和 Facebook 谈论合作事宜。2014 年，用户使用运通卡在优步那里刷了数千万美元。

“运通卡主有数千万——他们都应该来使用优步”，卡兰尼克说道，“就像我们给用户推荐运通卡一样，美国运通也会为我们带来无数客户，这有助于我们发展。”

你觉得监管问题会对优步的发展起到多大影响？

本周三，数千名伦敦出租车司机在街头抵制优步，最近公司的业务在弗吉尼亚州也被勒令叫停。但是卡兰尼克认为，即使遭遇了一些监管问题，它们仍然把业务扩展到了全球 130 多个城市。他说 Uber 的低成本出租车服务 UberX 比普通出租车的成本要低至多 40%。

“出租车行业正在试图维护由当地政府维持起来的垄断运输地位，他们希望减少竞争”，他说，“因此我们希望低成本、高质量运输的可行性问题传播出去，我觉得有朝一日我们可以取得胜利。”

之前有爆出过 Uber 司机性骚扰、攻击乘客的事件，你可以保证今后 Uber 乘客的安全性吗？

2015 年 3 月，一名美国伊利诺斯州的女性状告 Uber，称她的

Uber 司机对其进行了性骚扰。此外，还有一名女性状告 Uber 称优步司机对其进行了尾随。卡兰尼克表示 Uber 具备行业内最高的安全标准，其中包括最彻底的司机入职前的背景调查。若有此类事件发生，公司定将严惩。

“安全是 Uber 最优先考虑的问题……我们将确保这个系统的安全性，让乘客尽可能放心”，卡兰尼克说道，“当此类事件发生时，不管它发生在哪个城市、哪一辆车，我们都会严肃对待。”

你一般如何处理面临的压力呢？

我们在创业阶段十分幸运。在很短的时间里发生了很多事。能让自己的初创公司发展到价值上亿，创始人往往都有独特的办法来让自己保持冷静。卡兰尼克也不例外。

“我用两张表格让我的工作变得简单——其中一张列着我每天必须解决的疯狂有趣的问题，另一张写着我需要发明和实现的点子”，卡兰尼克表示，“它们是我工作的重心，在运营一家大公司时，它可以简化我的工作。我试着每天都按照这些列表来做事，这很有趣。”